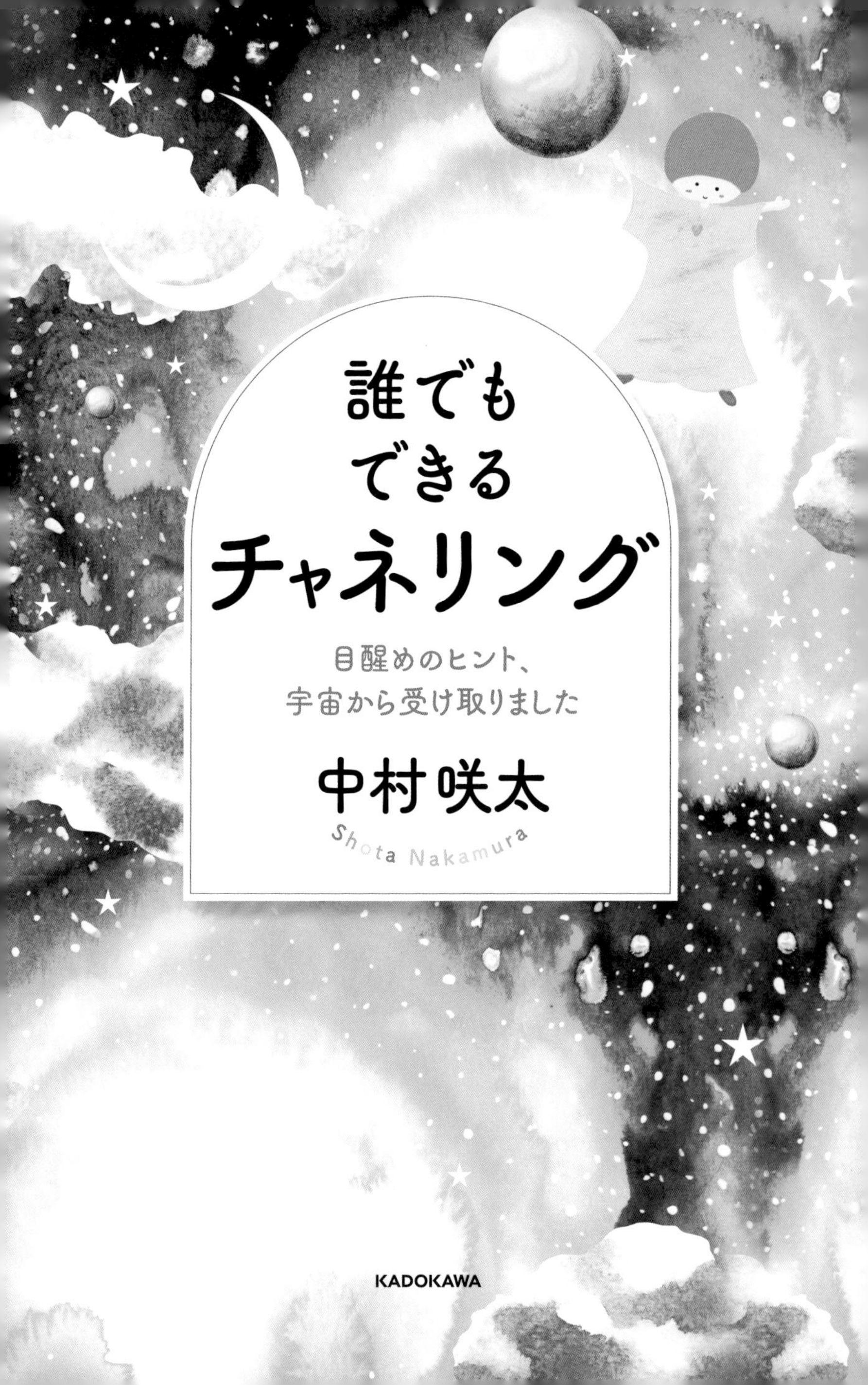

誰でもできるチャネリング

目醒めのヒント、
宇宙から受け取りました

中村咲太
Shota Nakamura

KADOKAWA

「チャネリング」は内なる宇宙と冒険に出る生き方

チャネリングとは、
あなたの内なる宇宙から
いま必要な情報を受け取ることです。

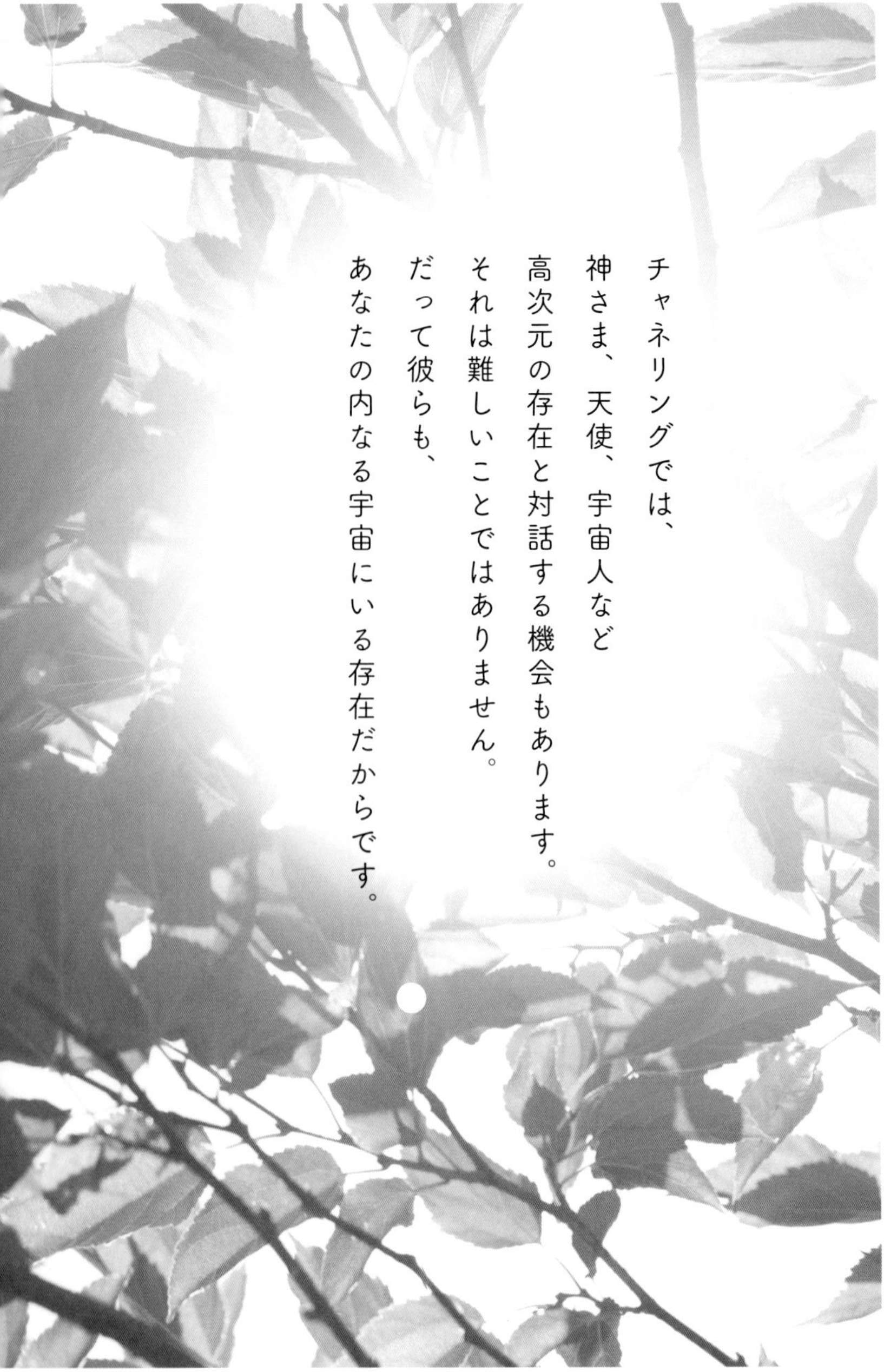

チャネリングでは、
神さま、天使、宇宙人など
高次元の存在と対話する機会もあります。
それは難しいことではありません。
だって彼らも、
あなたの内なる宇宙にいる存在だからです。

誰にでも
「内なる宇宙」という
本当の自分の意識があります。

チャネリングは、
内なる宇宙という
自分自身との
対話なんです。

僕が伝えるチャネリングは、
外側とつながるツールでは
ありません。

「自分の内側」にある
高次な側面を表現する、
新しい地球の生き方です。

僕は日常的にチャネリングしています。
僕にとってチャネリングは
本当の自分を生きるのと同じこと。

それは、自分の中のヒカリを
どこまでも思い出していく
宝探しのような毎日です。

内なる宇宙と
ひとつになって、
本当の自分、最高の自分を生きる――

そんな在り方に目醒めていくために
とてもワクワクな、宇宙な生き方。
それがチャネリングの本質だと
僕は考えています。

この物語の主人公はあなた。
目醒めのスイッチを押す
心の準備ができたなら、
さあ、冒険のはじまりです。

はじめに

ナチュラルに、チャネリングしながら生きる！

こんにちは。中村咲太です。

今回、チャネリングというテーマで本を書かせてもらうことに、とてもワクワクしています。

チャネリングは、一般的に、神さまや天使、宇宙人など、僕たちがいる次元を超えた高次元の存在とコンタクトを取る手法といわれています。

「そういうことができるようになりたい」と思って本書を手に取られた方が、たくさんいるのではないでしょうか。すでにチャネリングについて学んでいるけれど、あまりうまくいかない、難しい、やっぱり特殊な能力が必要なのかな……。そんなふうに思っている人もいるかもしれません。たしかに、これまでの時代はそういう捉えられ方もありましたね。でも、**これからの時代のチャネリングは、誰でもできることのひとつになります。**僕はそう確信しています。

実際、僕は日常的に「チャネリング」をしています。僕にとってチャネリングは、ナチュラルなもの。「いつでも自由にチャネリングをしながら生きている」という感覚です。

僕はYouTubeなどで、高次の存在とつながってチャネリングで聞いた内容をお伝えすることがあります。

たとえば「大天使ミカエルが話していることをお伝えします」といって、ミカエルから届いた言葉を、その場で通訳するような感じで皆さんにお話しするわけですが、このときの僕は、ミカエルに、「ねえねえ、ミカエル」と訊ねているわけではありません。

そのようなチャネリングのやり方も、たしかにあります。自分の外に特別な存在がいると想定して、その存在とつながる方法です。その方法が「悪い」「間違っている」というのではないのですが、チャネリングをするときに、「低い波動の存在とつながると危険です」という話を聞いたことはないでしょうか。そうした現象が起こるのはなぜかといえば、自分の外にいる存在とつながろうとしているからです。外の存在とつながろうとすると、自分が望んではいないエネルギー体や意識と、つながりやすくなるのです。

天使もマスターも「内なる宇宙」にいる

「外ではないなら、じゃあどこで彼らとつながるの？」「神さま、天使、アセンデッドマスター、宇宙人……。そういった存在は宇宙や天界と呼ばれるようなところにいるんじゃないの？　それは自分の外にあるんでしょ？」――そんな疑問を持った人もいるでしょうか。

僕が伝えるチャネリングは、自分の外側ではなく、自分の内側を通して、神さまや天使といった高次の存在とつながる方法です。そのベースとなるのが、「私は宇宙そのもの」という見方です。

「内なる宇宙」というフレーズを聞いたことはありますか？　この言葉のとおり、本質的にいえば宇宙は僕たちの中にあります。

宇宙は自分の中にある。つまり、すべてが自分の中にある。**神さまも、天使も、アセンデッドマスターも、宇宙人も、僕たちの中に存在している。**この捉え方が、僕がお伝えするワンネスチャネリングではとても大切になってきます。

「だとしたら、お空に見える宇宙はなんなの？」「私の目に現実として映っている、空や満天の星空はどう説明するの？」――そんなふうに思う人もいるかもしれません。

簡単にいえば、僕たちが外側で見ている空は、僕たちの内なる宇宙（内側）が映し出している現実のひとつなんです。つまり、朝は太陽が輝き、夜は星を降らせる空とは、僕たちが内なる周波数を使って映し出している現実（創造物）だということ。

すべての現実をつくっているのは、自分自身なのです。もっというと現実とは、いかにもそこにあるかのように見えるけれど、映画のスクリーンに映し出されている映像のようなものです。

こういう話がはじめてだと、少し混乱するかもしれませんが、目で見える、耳で聞こえる、手で触れられる……といった物理的に認識できるものがすべてではないということです。

肉体こそが自分自身だと思いがちですが、僕たちの本質は、内なる宇宙です。内なる宇宙は「ハイヤーセルフ」「宇宙意識」という部分も含んでいて、本書では大体同じ意味であると捉えてください。

内なる宇宙は周波数が高く、僕たちの外側にあって見たり触れたりできる物理宇宙ではなく、内側にある精神宇宙です。

これからお伝えしていくのは「ワンネスチャネリング」という、内なる宇宙を通して行うチャネリングです（本の中では「チャネリング」といいます）。ハイヤーセルフに呼びかけ、ハイヤーセルフとひとつになって行うチャネリングです。だから、まず自分の内側に意識を向けるところからはじまります。

ここで大切になるのは、自分の内面の感覚をていねいに感じ取っていくことです。

内なる宇宙からのメッセージを感じられない理由

ところで、講演会やワークショップでチャネリングについてお話しすると、「内なる宇宙をうまく感じられない」「ハイヤーセルフに向かって呼びかけようとすると、意識が外に向いてしまう」――といった声をときおりいただきます。なぜ自分の内側にある宇宙やハイヤーセルフを感じられないのか。宇宙やハイヤーセルフと自分は分離しているように思えているのか。すでにご存じの方には復習になりますが、大事なことなのでおさらいしておきましょう。

地球で生きる僕たちも、内なる宇宙（ハイヤーセルフ）も、おおもとに遡ると「源」です。宇宙には、「源」「創造主」と呼ばれる領域があります。源は、あなたにとっても僕にとっても、神さまや天使などにとっても、すべての存在の生まれ故郷です。

あるとき源は、源自身がどんな存在なのかをもっとよく知りたくなって、自分の一部を分離しはじめました。わかりやすくたとえるならば、「あなたは星になってね」「あなたは神さまになってね」「あなたは天使になってね」「あなたは人型の生き物になってね」「あなたは植物になってね」……と、たくさんの分身をつくりました。

そうすることで、1人ではできないことを経験できるようになります。さまざまな分身どうしが関わることで、客観的に自分自身のことを知ろうとしたのです。

だからすべての存在は、源から派生した一部。僕たちの内なる宇宙も、この地球で生きる僕たち自身も、すべてが源の一部です。

そんなふうに思えないのはなぜかというと、僕たちの地球人としての意識は、自分自身がハイヤーセルフや源であったことを忘れているからです。

僕たちの本質であるハイヤーセルフや源は、わかりやすくいえば「なんでもできる、やれる」という、好奇心いっぱいのパーフェクトさの意識で、地球でいう制限の周波数（感情）を持っていません。困難、失望、苦しみ、怒り、恐怖、悲しみといったネガティブな周波数をそもそも持ち合わせていません。

でも好奇心が溢れるパーフェクトさの意識ゆえ、僕たちはあるとき、「ネガティブな経験にもチャレンジしたい！」となりました。それであえて周波数を下げ、肉体を持ち、源の一部だったことを忘れて、地球にやってきたのです。

これまでの地球は、3次元という「制限」の経験に適した星だったこともあり、「できない、やれない」という経験に、僕らは大成功しました。その成功のためには「自分のパーフェクトさ」を一度忘れる必要があったのです。なぜなら自分のパーフェクトさを覚えていたら、「やれない、できない」という経験ができないから。

いままでに僕らがこの地球で経験してきたネガティブは、「なんでもできる、やれる」という本来の意識を眠らせ、「眠りの生き方」をしていたから経験できたものなんです。

そんなわけで、内なる宇宙やハイヤーセルフと、最初からうまくつながれないと感じることが出てくるんです。

ハイヤーセルフとひとつになる時代へ

いま地球という惑星は、だんだんと新しいフェーズへと移行しています。自由で、ワクワクで、無限の可能性に満ちていて、やりたいことはなんでもできる、本当の自分を生きるのに適した惑星へと進化しているのです。もしあなたが、「なんでもできる、やれる」の宇宙意識を思い出して生きることを望むなら、ハイヤーセルフの意識へと、眠りの状態から目を醒ましていく必要があります。

なにをいいたいかというと、**僕たちは本当は、誰もがハイヤーセルフとつながれる**ということ。なぜならハイヤーセルフは、僕たちの本質の状態だからです。眠って生きる旅をしてきた僕たちにとって、ホームというべき帰る場所。もとの自分自身です。

ワンネスチャネリングは、高次の意識とつながるためだけのチャネリングの手法ではありません。自分のハイヤーセルフとひとつになって、目を醒ましていく生き方を進めるためのチャネリングです。

目を醒ます生き方とは、制限の感情がなにひとつない状態へ戻っていく生き方です。ハイヤーセルフそのものの意識になり、魂レベルの自分にとって望むように生きて、自分の意識がさらにクリアで調和な状態に成長し続ける生き方です。魂にとって「最善で最高な人生」を生きることです。

僕たちの意識には、「フォーカスすると拡大する」という性質があります。本当の自分＝内なる宇宙＝ハイヤーセルフの意識にフォーカスを当てていくと、可能性に満ちた創造性の扉がとてつもなく開いていきます。

繰り返しになりますが、本当のチャネリングとは、自分の外にある高次の意識とつながることではありません。

自分の中にある高次の意識にフォーカスを当て、自分が本当に必要としているメッセージ、いまの自分に最も適したなヒントを受け取るのがチャネリング。そして、受け取ったメッセージにしっくりきたならば、実際に行動を起こして、気づきを得て、さらなる目醒めの扉を開いていくのが、新しいチャネリングの本質です。

チャネリングを通して
本当の自分を生きてみませんか？
さあ、あなたの無限の可能性を開く
冒険のはじまりです！

中村咲太

Contents

「チャネリング」は内なる宇宙と冒険に出る生き方……2
はじめに ナチュラルに、チャネリングしながら生きる!……18
天使もマスターも「内なる宇宙」にいる
内なる宇宙からのメッセージを感じられない理由
ハイヤーセルフとひとつになる時代へ

Chapter 1 チャネリングを通して生き方を変える……39
ハイヤーセルフの声を捉える「宇宙の伝言ゲーム」……40
宇宙のすべてはつながり合っている……46

意識のフォーカスを当てるのは外の世界ではない……50
チャネリングの前に必ず行うワンステップ……54
●チャネリングのやり方……56
チャネリングで最も大事なのは「信頼」……58
ハイヤーセルフは優秀なマネージャー……62
変化への覚悟がある人はチャネリング上手……67
何事も頭で決めるのでなく、宇宙意識で決める……73
大きなこともチャネリングで決めるコツ……82
エゴのワクワク？ ハイヤーセルフのワクワク？……86
「降ろすだけ」ではチャネリングじゃない……89
Column チャネリングがもっとうまくなる「チャネリングノート」……95

Chapter

2 チャネリングの4つの練習法……101

練習法❶ 瞬間的に情報を受け取る……102
練習法❷ 遠隔の情報を受け取る……104
練習法❸ 神さま、天使たちとチャネリングする……106
練習法❹ 誰かのことをチャネリングで聞く……108
Column チャネリングとリーディングの違い……111

Chapter 3

僕がチャネリングで聞いたこと……113

実際に僕が降ろしたメッセージ……114

「居場所」について聖母マリアが教えてくれたこと……116

僕からの補足　みんながパワースポットになる時代へ

「嘘」について大天使ミカエルが教えてくれたこと……122

僕からの補足　いつでも感じたままを表現するだけ

「ガイド」について陰陽師が教えてくれたこと……127

僕からの補足　自分のメインガイドを知るチャネリング

「時間」についてマーリンが教えてくれたこと……133
僕からの補足　自分からズレなければ疲れることはない
「仕事」について7次元の宇宙人が教えてくれたこと……140
僕からの補足　その仕事で自分はどう在りたいか
「自由」についてセントジャーメインが教えてくれたこと……146
僕からの補足　自由の意味が変わっていく
「大人」についてプレアデスの宇宙人が教えてくれたこと……150
僕からの補足　子どもも大人もみんなパーフェクト
「スタート」について大天使ミカエルが教えてくれたこと……157
僕からの補足　すてきな終わりを大切にしている
「スロー」について宇宙の大いなるエネルギーが教えてくれたこと……161
僕からの補足　スローが変化を加速させる

「冒険」について7次元の宇宙人が教えてくれたこと……165
僕からの補足　魂のサインに好奇心で応える
「理想」について邇芸速日命が教えてくれたこと……170
僕からの補足　理想がどんなに高くても大丈夫
「生まれる」について大天使ガブリエルが教えてくれたこと……176
僕からの補足　自分のプレゼントがなにか知りたい？
「優しさ」について聖母マリアが教えてくれたこと……182
僕からの補足　「相手を喜ばせたい」への注意
「本物」についてセラピス・ベイが教えてくれたこと……188
僕からの補足　自分の本当の思いをいつも信頼する

「覚悟」についてアルクトゥルスの宇宙人が教えてくれたこと……193
僕からの補足 覚悟の周波数ってとても軽いんです
「休息」について瀬織津姫が教えてくれたこと……197
僕からの補足 いまはまだ一定量の睡眠が大切
「グラウンディング」についてレディ・ガイアが教えてくれたこと……201
僕からの補足 地球の変化はこれからが本番
「言葉」についてブッダたちが教えてくれたこと……209
僕からの補足 美しくない言葉をかけられたときには
「子ども」について観音菩薩が教えてくれたこと……214
僕からの補足 「かっこいい大人」

「天使」について大天使ラジエルが教えてくれたこと……218
僕からの補足　天使は自立を提案してくれている
「善悪」についてセントジャーメインが教えてくれたこと……223
僕からの補足　「私にとって好ましい」のセンスへ
「仲間」について僕のハイヤーセルフが教えてくれたこと……226
僕からの補足　未来の地球での仲間との関係性は……
おわりに……230

ブックデザイン　原田恵都子（Harada＋Harada）
撮影　宮川朋久（2〜16ページ）
撮影協力　天空の庭　天馬夢（2〜16ページ）
カバーイラスト　中村咲太
本文イラスト　さとうりさ
DTP　aki design works
校正　東京出版サービスセンター
編集協力　林美穂
編集　伊藤頌子（KADOKAWA）

Chapter 1

チャネリングを通して生き方を変える

ハイヤーセルフの声を捉える「宇宙の伝言ゲーム」

この本で僕がお伝えするワンネスチャネリングは、ハイヤーセルフとひとつになって（ワンネスになって）行うチャネリングです。

ハイヤーセルフとは内なる宇宙の一部であり、自分の中にあるものです。ここからは具体的に、ハイヤーセルフの声を聞くにはどうしたらいいかを話していきましょう。

僕はよく、「自分のハートの声を聞いてみて」「胸に手を当てて感じてみて」というふうにいいます。なぜハートなのでしょうか。「そこにハイヤーセルフがいるのかな？」と思った人も多いかもしれませんが、正確にはそうではありません。

じつのところ、ハートは僕たちの機能のひとつ。たとえるなら、ハートはスピーカーのようなものです。

スピーカーからは誰かの声が聞こえてくるけれど、スピーカー自体がしゃべっているわけではありません。スピーカーの向こう側に、話している人がいますよね。それと同じです。僕が「ハートの声を聞いて」というのは、ハートそのものの声を聞いてほしいわけではなく、ハートというスピーカーを通して、ハイヤーセルフの声を聞いてもらえるように、ガイダンスしているんです。

源からの光のエネルギーをキャッチする

ハイヤーセルフはどんなふうに声を伝えてくるのでしょうか。ここでは、「こんなふうにハイヤーセルフとハートはつながっているよ」というのを、僕なりの角度で説明します。

イメージしてみてください。まず、胸の真ん中にスピーカーであるハートがあるのを感じます。ハートから、丸くてとてつもなく大きいゴールドに少しレインボーがかった色の光の風船がほわーんと広がっています。まるで宇宙そのもののように大きくキラキラしているから、僕は「宇宙風船」と呼んでいます。

この宇宙風船がハイヤーセルフです。僕はいつも、宇宙風船からハートへとやってくる「光の波紋」を浴びています。


宇宙風船の向こうには、源が広がっています。言葉ではとてもいい表せないほど眩しくて、直視できないほどの光の領域です。

ハイヤーセルフから送られてくる光の波紋は、源からやってきています。源からは、24時間365日休むことなくエネルギーやメッセージが光の波紋のように送られているんです。そのメッセージには、**無限の可能性が秘められています。**これまでならば**「自分にはムリ」と思うようなことさえ可能にする周波数です。**そんなエネルギーが、ハートの向こう側に果てしなく広がっているのを感じてみましょう。

チャネリングは宇宙の伝言ゲームのようなもの

では具体的にどんなふうに、ハイヤーセルフからのメッセージが僕たちのハートまで届いているのでしょう。

たとえば、僕が自分の宇宙風船に向かって「目醒めていく僕にとって、いま必要なことはなんですか？」と質問したとします。すると源から、なんらかの情報が光の波紋となって降りてきます。ハイヤーセルフは、僕がわかりやすいように光を翻訳して、僕のハートに届けてくれます。ハートに耳を澄ませると、そこから「自分軸が大切だよ」などと聞こえてきます。

まるで、源、ハイヤーセルフ、肉体の僕で伝言ゲームをしているようなしくみです。

なぜ源は、僕たちにストレートにメッセージを届けてこないのか。

それは、源の波動があまりに高く、いまの僕たちにはすべては受け取れないからです。だからハイヤーセルフは、僕たちと源のつなぎ役になって、そのメッセージを僕たちにもわかるように伝えてくれているんです。

さまざまな翻訳方法がある

チャネリングとは、高次のエネルギーを翻訳することです。

この本では、エネルギーを言葉に翻訳するやり方を扱います。人によっては、絵や音楽などで表現する人もいます。さまざまな翻訳の表現がありますが、言葉として翻訳することが、地球人としては機会が多いのではないかと思います。

源からのメッセージは、単語でぽつぽつとやってくるかもしれないし、逆にすごく長文かもしれません。

宇宙のすべてはつながり合っている

僕たちはみんな、それぞれのハートから宇宙風船が生えていて、その風船の向こうには源という高次の領域が広がっています。あなたも、隣の人も、そのまた隣の人も、すべての人たちの宇宙風船の向こうには源があります。

この地球の全員、それどころか宇宙の全員は、源を介してつながり合っているわけです。

源の領域では、神さまや天使、アセンデッドマスターたちともつながっています。そのような高次の存在とチャネリングするときも、源、ハイヤーセルフ、ハート、自分……と伝言ゲームをしていくのはまったく同じです。

だから、もしあなたがスピリチュアルなカウンセラーさんだとして、クライアントさんに必要なメッセージを受け取ろうと思ったら、目の前の相手に意識をフォーカスするのではなく、自分の中にいるハイヤーセルフに意識を向けるようにしてください。

あなたの源とクライアントさんの源はひとつ（ワンネス）ですから、源を介せば、きっと適切なメッセージを受け取れます。

たとえば、「このクライアントさんにいま、必要なことはなんでしょう」と自分の内側に質問したとします。すると、源から高次のエネルギーが、光の波紋になってやってきます。それをあなたのハイヤーセルフは、「旅に出かけましょう」などの僕たちにわかる言葉に変換して、あなたのハートに届けてくれます。

あなたは、ハートから聞こえたことを、クライアントさんにそのまま表現するだけでいいんです。

源には全宇宙のメッセージが集まっている

源は、すべてとつながっています。だから内なる宇宙になにかを問いかけると、いろいろな存在からのメッセージがわーっと集まってきます。

「聖徳太子は一度に複数人の話を聞いていた」という話がありますが、源にもそんなふうに、あらゆる方向から多様な情報が集まっています。それをハイヤーセルフが、わかりやすくまとめて届けてくれています。

僕はYouTubeや講演会などでよく、「今日は、この神さまとつながっています」「いま、このアセンデッドマスターがメッセージをくれました」などと表現します。

でもじつは、特定の存在を意識しなくても、全宇宙のあらゆる情報の中でそのときの自分に必要な情報は、ハイヤーセルフを介して自然と入ってくるようになっています。

それなのになぜ、誰からのメッセージなのかを僕があえて明らかにしているかというと、僕の情報に耳を傾けてくれている人たちが、その存在のエネルギーにフォーカスを当てやすくなるからです。たとえば「誰かがこういっていたよ」と聞くよりも、「〇〇の神さまがこう話していたよ」と聞くほうが、その神さまの意識に深くつながる性質があるんです。

ただし、誰からのメッセージなのかがわからなくても、「その神さまの名前を私は聞いたことがないのだけれど……」という人でも、まったく問題はありません。

また、最終的にそのメッセージを1人ひとりが、どんなふうに活かしていくかは、受け取る側次第です。

僕がチャネリングをして発信するメッセージは1種類ですが、別の見方をすれば、受け取り方は十人十色ということです。

意識のフォーカスを当てるのは外の世界ではない

源からハイヤーセルフへ。
ハイヤーセルフからハートへ。
ハートから自分へ。

こんなふうに伝言ゲームのようにメッセージが届くイメージが、ワンネスチャネリングでは大切です。
ただし、ハートにだけフォーカスを当てているのは、ワンネスチャネリングとは少しだけ違います。

シンプルに「ハートの声を聞く」というだけでも、それもチャネリングやリーディングの一種ではあります。ですが、ワンネスチャネリングの場合は、ハートだけではなくハイヤーセルフのほうにもフォーカスを当てます。内なる宇宙に向かって、自分の内側にアンテナを伸ばすイメージです。

すると源からハイヤーセルフに、ハイヤーセルフからハートへ押し寄せる光の波紋に周波数が合って、メッセージをていねいにキャッチできます。

ハートというスポットだけでなく、源からハイヤーセルフに伝わってくるエネルギーをプロセスから捉えていくので、結果的に細かいところまで理解できるわけです。

人の話をよく聞くよりも大事なことがある

最初から上手にできなくても問題はありません。

どんなに活躍しているスポーツ選手でも、初心者からはじまったはずです。まずは基本となるところからはじめましょう。

光の波紋のエネルギーをじゅうぶんに感じながら、ていねいに情報を受け取ることを大切にしてください。

そして、キャッチボールの相手であるハイヤーセルフに意識を当て続けること。実際のキャッチボールだって、投げる人からよそ見していたら、受け取れるはずのボールも受け取れません。


たとえば、目の前に「相談に乗ってほしい」という人がいて、相談内容を話してくれていたとしても、フォーカスを当てるのは、目の前の人ではなく自分のハイヤーセルフです。


最初のうちは、それが難しいと思う人もいるかもしれません。なぜなら、僕たちは「人の話をよく聞きなさい」と子どもの頃からいわれてきたからです。

なので、人の話を聞き出すと、途端に外に意識が向いて、フォーカスがハイヤーセルフ（宇宙風船）から外れてしまうのです。

源の領域ではみんなつながっている

僕たちは、この地球でそれぞれ肉体を持って存在しています。「あなた」と「私」は別物、分離していると思ってきました。このとき、目の前にいる分離している相手に向かって、外にアンテナを向けても受信できるものは少ないです。

アンテナを向けるのは、いつだって自分の内なる宇宙です。なぜなら僕たちは、肉体レベルでは分離していますが、源の領域ではみんなつながっています。

自分の源意識に向けて、内側からまっすぐ上にアンテナを立てていたなら、相手にとって必要なメッセージもちゃんとキャッチできます。

チャネリングの前に必ず行うワンステップ

チャネリングでは、自分をニュートラルに保つこと。ニュートラルとは、自分の内側にナチュラルに意識が向いて、心地いい感覚です。

「100の位置にいる」かチェックする

僕はその状態を「100の位置にいる」と表現しています。101でも99でもなく、ハイヤーセルフの自分と100%ぴったり一致した、いわば「意識の中心」です。地球人は眠って生きてきたときの習慣で、ナチュラルに意識の中心からズレていることがよくあります。まず100の位置にいるか、ニュートラルかどうか確認するのが、よりクリアなチャネリングをするためには大切なことです。

100の位置に立っているかチェックする方法があります。

まず、シャンパンゴールドの色をした光の大陸の上に自分が立っているとイメージします。このとき、あたりは宇宙空間になっています。上を見上げると、大きな宇宙風船があります。その宇宙風船の口の部分が、自分のハートとぴったりと重なって、風船が自分の真上に浮かんでいたらオッケーです（43ページのイラスト参照）。

意識の中心では、心地よい光の波紋がハートに集まります。ズレていると心地よさは半減します。少しズレているだけかもしれないし、たくさんズレているかもしれないけれど、ズレを感じるなら、イメージの中で光の大陸の上を歩いて、宇宙風船とハートが重なるところへていねいに移動しましょう。しっくりくる場所に立てると、光の波紋が何層にもなってわーっと押し寄せてきます。そのまま1分間くらい光の波紋を意識しながら深呼吸をしてください。

お待たせしました。
ではいよいよ、チャネリングのやり方を紹介しますね。
源から、ハイヤーセルフ、ハートを通じて、
いまの自分に必要なメッセージを受け取ってみましょう！

チャネリングのやり方

❶自分の状態を確認する

「100の位置」に立っているか、いまの自分はニュートラルな場所に立っているかを確認します。

❷光の波紋を感じる

自分のハートから宇宙風船が浮かんでいるイメージをします。
宇宙風船から心地のいい光の波紋が幾重にもハートに集まっ

てくるのを感じてください。

❸源に質問する

「いま、私に必要なことは、なんですか?」と聞いてみましょう。
もちろん、ほかの質問を投げかけてもオッケーです。

❹届いたメッセージを言葉で表現する

光の波紋を幾重にも受け取りながら、自分の中で感じた感覚を言葉や文章にしてみましょう。ハートだけではなく光の波紋にフォーカスを当てるのがコツです。

❹で出てきた言葉がしっくりきたら、
その言葉のとおりに行動を起こしてみましょう。

チャネリングで最も大事なのは「信頼」

もしあなたが「そうはいっても、自分にはできない気がする」なんて思いながらチャネリングをすると、宇宙風船からなにか感覚を捉えても、「気のせいかも」と自分の感性を否定してしまいます。

そうして否定にフォーカスを当てていると、否定のエネルギーが拡大し、チャネリングの感性が閉じていきます。これではチャネリングの上達はそこで止まってしまいます。

チャネリングがスムーズにできるようになる人は、1ミリでも感覚を捉えたら「わずかだけど、私はこう受け取ったな」と、自分にオッケーを出せます。自分の感性を肯定できます。1ミリでも2ミりでも、なんとなくでも感覚を捉えたら、自分にオッケーを出してあげてください。

自分が感じたことは、いつだって本物！

はじめたばかりのうちは、「本当に天使が届けてくれたメッセージなのかな？」「ただの自分の妄想では？」と、自分の感覚に自信が持てなかったり、疑いのような気持ちが湧いたりするかもしれません。

でも、自分の中で感じたことは、自分にとって紛れもなく本物です。最初にも話したように、この現実は自分の意識の反映です。であるならば、僕たちの意識は「新たな世界」を生み出すための種といえるでしょう。あなたの意識や感覚はとても偉大なものです。そんな意識の中で捉えた感覚なのですから、それはとても大切な宝物だと思いませんか？

たとえば、もしあなたがチャネリングをして、「調和が大切」という感覚をキャッチしたなら、それはあなたにとって大切なことです。しっくりきたら、ぜひそのときは調和を大切にした行動や選択をしてみてください。

天使たちや神さまとあなたは、源でつながっている分身といえる関係性です。そこから受け取ったビジョンやインスピレーションについて、「本当に？」「間違っているのでは？」と疑念や否定の視点を使っていると、彼らとの距離は縮まりませんし、チャネリングの能力は大きく開きません。

チャネリングしていくときに、まず大事なのは「ハイヤーセルフである自分を信頼すること」です。この信頼がなければ、チャネリングばかりか、生き方さえもズレてしまいます。

ハイヤーセルフとしての自分への信頼がないと、どこか他人軸な生き方となり、「自分で決めて、自分で行動を起こす」という、「人生のハンドル」を見失ってしまうことがあります。

ハイヤーセルフは優秀なマネージャー

ハイヤーセルフからのメッセージを受け取って、それがしっくりきたら行動して……。そんな生き方をしていると、だんだん自分が魂からいきいきとしてくるものです。

というのは、源やハイヤーセルフはいつでも、あなたの魂にマッチしたことを降ろしてくれるからです。

最初に話したように、もしも、自分の内側に存在するハイヤーセルフではなく、外のなにかとつながろうとするならば、ときには魂にマッチしていないことも、受け取ることがあります。なぜならば外に意識を向けたチャネリングは、必ずしも高次な存在とつながっているとは限らないからです。

神さまや天使たちと共同創造できる

ハイヤーセルフは、僕たちの優秀なマネージャー役でもあります。芸能人のマネージャーさんは、「うちの俳優はお笑い系のバラエティ番組には出ませんが、クイズ番組だったら出ます」など、1人ひとりにふさわしいお仕事を選んでくれます。ハイヤーセルフも、そういう役割をしてくれているんです。

たとえば、Aさんのハイヤーセルフは、「地球人のAさんには、『地球の水をきれいにする。その活動を通して魂の成長を楽しむ』という人生のテーマがあります。もしこのテーマにマッチした共同創造ならば、私にメッセージをください。もしくはAさんの成長につながることがあれば同じくメッセージを」というふうに宇宙の存在たちにお知らせしてくれます。

すると神さまや天使たちは、Ａさんの魂の希望と共同創造の内容が一致するかどうかを見て、両者がリンクしたら、源を通してハイヤーセルフにメッセージを届けます。

そうしてハイヤーセルフからＡさんのもとに、光の波紋としてメッセージが届けられます。

その波紋のエネルギーを受け取ったＡさんが、たとえば森を守る活動をはじめるとか、生活排水に気を配るとか、なにか現実的な取り組みを起こしたら、それはＡさんの魂の目的や学びが進展するというだけでなく、宇宙の大いなる計画にとってもより発展的なアクションとなります。

なおここで、Ａさんが「地球の水をきれいにする」という魂の課題を自覚している場合も、していない場合もあります。

ハイヤーセルフを無視するとどうなる？

もし、ハイヤーセルフという優秀なマネージャーを通さずに、チャネリングをするとどうなるでしょう。

アンテナを外に向けて、ハイヤーセルフを介さないチャネリングをしていると、ときに低い周波数の存在から、自分の魂のテーマを無視したオーダーを受け取ることがあります。

そうなると自分の魂を無視した行動や選択をして、さらに自分からズレていくのはいうまでもありません。

ただし「周波数の低い存在」というのは悪ではありません。そういった存在を敵視する視点は、眠りの生き方のひとつです。

大切なのは自分が自分の魂に一致した人生を楽しむこと。そのためには外ではなく自分のハイヤーセルフに意識を向けることが大切なのだと、覚えておいてください。

繰り返しになりますが、ハイヤーセルフとつながってチャネリングを行うには、神さまも天使たちもアセンデッドマスターたちも、みんなあなたの内なる宇宙の中にいるという視点に立ってください。

どんな人も、神性、天使性、マスター性……と、その高次の存在たちの性質を必ず持っています。すでに自分の中に存在している彼らとつながると、そう決めておきましょう。

それからもうひとつ、目を醒ましていくことは、ハイヤーセルフとのつながりをいっそう強めることになります。

目を醒ますとは、別の表現をすれば、ハイヤーセルフの意識へと戻り、この地球に存在すること。**目醒めを進めていくと、ハイヤーセルフそのものの自分になっていきます。**

いわば、ハイヤーセルフと「つながる」から「ひとつになる」という領域になることが、本当の目醒めということです。

変化への覚悟がある人はチャネリング上手

チャネリングでメッセージが降りてきやすい人、チャネリングがめきめき上達する人には共通点があります。

どんなタイプかといえば、行動力がある人。そして、自分の感じたことをまっすぐに表現できる人です。

行動を起こすのはジャストのタイミングで

行動力があるとは、降ろしたメッセージを生き方にできること。

「〇〇について行動しよう」というメッセージが降りてきて、しっくりきたなら、すぐにそのとおりに行動するのがおすすめです。

ただ、ハイヤーセルフからのメッセージは、具体的な行動を示すものではないこともあります。

たとえば「豊かさ」というシンプルなメッセージを捉えたとき、あなたはどうすればいいでしょうか。

まず「今日は身の周りの『豊かさ』に感謝して生活してみよう。豊かな感覚でいるには、どんな時間を過ごそうかな」と、そんなふうにあなたのアイディアやインスピレーションを存分に使ってみてください。

そこで思いつくことは、手料理で友人をもてなすことかもしれないし、アート作品をつくることかもしれません。マッサージなどを受けにいって、自分に豊かさを与えることかもしれません。

そうやって、降りてきたメッセージを自分なりの行動に移したとき、その行動は宇宙との共同創造です。

もしくは「さらに具体的に教えてください」と質問をすすめるというのも、チャネリングに慣れてくるとおすすめです。

「行動できる」とは、別の表現をすると、「変わる準備ができている」「生き方を変える覚悟ができている」ということです。

しっくりとくるメッセージを受け取っても、いつまでも行動しないでいると、内なる宇宙は「いまは変化を選ばないのだ」と判断して、それ以上のメッセージを一度ストップすることがあります。

これは見捨てているわけではなく、その人の自由な選択に任しているのです。

それでもスルーしていると、第2候補のルートを提案してくることもあります。しかし基本的には第1候補の時点で行動に起こすのがいちばんスムーズであることが多いので、タイミングというものが大切なのだと僕は感じます。

宇宙との共同創造がはじまると、頭では考えられないような突拍子もない出来事が起こる場合もあります。そのような変化に乗って行動していく、変化する覚悟ができている人は、ますます宇宙からのメッセージを受け取りやすくなっていきます。

ある意味でメッセージとは、変化をもたらすためのギフトです。だからこそ変化を受け入れる人には、次の変化のためのメッセージがやってくることになります。

受け取ったメッセージをジャッジしない

たとえばスピリチュアルカウンセラーさんが、相談者さんに対してチャネリングをしていると、ときに「これをいったら相談者さんはズキッとくるのではないか」というようなメッセージを捉えることもあります。でもそうしたときも、「この言葉が必要」と思うならば、感じたとおりに伝えることが大切です。

これはもちろん、相談者さんを傷つけるために伝えるのではありません。100の位置という自分の中心から、愛を持って必要なことを通して話すんです。

どんなときも、自分がキャッチしてしっくりきたものをとにかく信頼してください。

降りてきたメッセージに、自分の中の常識や頭で善悪のジャッジをしないこと。少しでも歪めた言葉で相手に伝えれば、その分ズレた周波数を相手に届けることになります。

チャネリングをしていると、ときに質問とは一見無関係のような情報がやってくることもあって、たとえば、アトランティスやレムリアの記憶、シリウスなどほかの惑星の情報が降りてきたりすることがあります。

でもそこで、「本当に合っているか不安だから、これは聞かなかったことにしよう」と曖昧にしてしまったら、新しい自分の感性は開きません。

どんな情報でも、自分の中に降りてきた感覚をきちんと受け止めて、「いま、こういう情報がやってきた」と真摯に向き合うことが大切です。

それからもうひとつ、降ろしたメッセージをどんな気持ちで扱っているかも、チャネリングの上達に深く関わります。

純粋さや、周りへの祝福の気持ちがある人は、内なる宇宙との共同創造が起きやすく、その後のチャネリングの精度も上がりやすいといえます。

なにより大切なのは、あなたの純粋な気持ちです。チャネリングを受け取った自分も、メッセージを送った内なる宇宙の存在も含め、すべての領域に感謝と祝福が大切です。そのメッセージを行動に起こせたなら、地球や周りの人々にも、たくさんの祝福が広がっていくことになりますよ！

何事も頭で決めるのでなく、宇宙意識で決める

日常生活は選択の連続です。

無意識に、しかも無数に、僕たちは「これをしよう」「あれをしよう」と選んでいますが、そのときほとんどの人は、頭で決めるか、あるいは過去の習慣から判断しています。

たとえば「今日は遊びに行きたいな」と直感的に感じても、頭で考えて「でも大人なんだから、もっと真面目でいなきゃ」などと、別の選択をしたことはありませんか？

今日から「頭で決めない」をやってみてください。

宇宙意識にフォーカスを当てる。
ハイヤーセルフから降りてきたことをていねいに受け取る。
そして、自分の魂が本当に喜ぶものを選ぶ。

このプロセスが、この先の時代ではいつも大切なんです。
何事も、頭ではなくて、ハイヤーセルフの自分で決める習慣を心がけてみてください。

ハイヤーセルフはときに、「何年も会ってない友人に電話しよう」とか、少し戸惑うようなことを提案するかもしれません。
だからこそハイヤーセルフという真実の自分への信頼が大事になってきます。信頼したうえで、あとはしっくりきたならば、ある意味では実験のつもりで行動に移していくのです。

頭は考えるためでなく納得するためにある

ところで、ではなぜ頭はあるのでしょうか。スピリチュアルな世界では「頭で決めない」とよくいいます。なので、頭は邪魔なものと思っている人もいるかもしれません。

でもそんなことはなく、頭は大切です。

要は「使い方の順番を変えていきましょう」ということなんです。いままで「最初に」頭で決めていたという人は、これからは「最後に」頭を使います。

ハイヤーセルフから降ろして、決める。体を使って行動する。その体験や経験から、さまざまな気づきや学びを得る。その学びや気づきを深く納得するために頭を使うのです。

たとえば「愛を大事に」と、ざっくりとしたメッセージが降りてきたとします。それで、周りの人に「いつもありがとう。大好きだよ」とあらためて伝えたり、家の観葉植物に愛を込めて水をあげたり、ものを大切にしたり、愛がテーマの本を読んだり……と、愛を感じられる行動を起こすと、愛についての理解が少しずつ深まっていきます。

その結果、「愛っていいいな」「愛って身近にたくさんあるんだな」「自分は、こんな愛の表現方法ができるのか」などと気づいて、納得して、その納得感を自分の奥深くまで浸透させていくのが頭の役目です。

これまでは「1番に頭、2番目に体、最後にまた頭」、つまり頭で考えて、行動して、頭で納得することが多い時代でした。

でも最初に頭で決めていると、魂と一致した生き方が難しくなります。なぜならば頭はとても小さな場所だから。**宇宙意識はとても大きな領域であり、そちらのほうが僕たちの真実の姿です。**

行動を省略して、すぐ頭を使おうとしない

それからもうひとつ確認しておきたいことがあります。

ハイヤーセルフからのメッセージを受け取ったら、「行動」をすっ飛ばして、すぐ「納得」にいこうとする人がいるかもしれません。でも、「こういうことよね」と頭だけでわかった気になってしまうのは、チャネリングとはいえないのです。

またメッセージを受け取ったあとに、エゴの自分は「でも」「だって」「どうせ自分なんて」「忙しいから」「お金がないから」など、不可能に結びつくような囁きを送ってくることがあります。

せっかく宇宙意識からメッセージが届いても、頭で考えているうちに、けっきょく行動に移せなくなってしまってはもったいないですよね。もちろん、受け取ったメッセージがしっくりこなければ、ム

りに行動する必要はないのですが、しっくりくるかこないかを決めるのは、頭ではなくハートの感覚です。宇宙意識で決める、体で行動する、頭で納得する。この順番を徹底すればするほど、あなたの生き方そのものが大きく活性化します。

チャネリングは宇宙の仲間たちの交流ツール

じつはこの順番は、僕たち地球人が、宇宙人類になっていく予行練習みたいなもの。

高次な宇宙の仲間たちは、すでに言葉を介さずとも、それぞれがテレパシー的にコンタクトをできるのが当たり前の状態です。

目を醒ます人類はさらに波動を上げて、これまで高次と呼んできた宇宙文明の輪に入っていきます。目を醒ますということは、宇宙のネットワークに本格的に入っていくことでもあるのです。

いま、宇宙人と地球人の圧倒的な違いのひとつが、この順番なんです。「宇宙意識、体、頭」の順番が身につくにつれ、僕たちは高次元にいた頃の感覚を思い出していきます（僕たちは地球に来る前に、高次元な領域にいたんですよ！）。

宇宙意識とのつながりも構築されていきます。それは、地球の概念や常識、眠りの生き方を終わりにしていくことでもあります。

日常生活の小さなことから大きなことまで、なんでも自分の宇宙意識に聞く習慣をつけましょう。

今日の夕食になにを食べるか決めるときも、「ランチはパスタだったから、夜はお米」みたいな感じで頭で考えるのではありません。宇宙意識から「ハンバーガー」と届いて、それがしっくりきたならハンバーガーを食べてください。

「あの人に、ごめんねが伝えたい」と届いて、それがしっくりきたり必要と感じたりしたなら、連絡をしてみましょう。

「どうやって家まで帰ろうか」というときも、宇宙意識に聞きます。路線検索をして、いちばん速いルートかいちばん安いルートで帰るのが当たり前だと思っているかもしれないですが、宇宙意識はまったく別のルートをすすめてくるかもしれません。もしかしたら少し遠回りだけど、きれいな景色のルートを選ぶかもしれませんね。


今日はどの靴を履くのか、そんな小さいことも、僕は宇宙意識で決めています。

頭で考える頻度をゼロに近づけていけばいくほど、宇宙とのパイプが太く強くなって、チャネリングが上手になります。

大きなこともチャネリングで決めるコツ

この人と結婚しようかやめようか。
転職しようかやめようか。

小さいことならチャネリングで決められるけれど、大きなことは決められないという人が、よくいらっしゃいます。
大きなことは、とくにエゴと自我の囁きが大きくなるからです。

たとえば結婚相手を決めるときに、「未来を想像するとワクワクする」「一緒にいると落ち着く」というようなことよりも、相手の収入や学歴、家族構成などのスペックを気にする人も少なくないと聞きます。

もちろん、そういうエゴや自我での判断が悪いといっているわけではありません。「私はエゴで判断してみよう!」と眠った方法を選んでいるのも、突き詰めれば自分自身だからです。

ですが、頭を使ってエゴで決めるより、宇宙意識を使ってみるほうが、あなたの魂が本当に喜ぶ選択ができます。

必要な学びがある選択、いまはそう見えなくてもトータルで考えれば必ず魂が充実する選択に道が開けていくようになります。

エゴや自我にもていねいに向き合うといい

ところで、エゴと自我は別物です。

エゴは、頭の周りにゴツゴツとたくさんくっついた、堅い石のようなイメージです。頭でばかり考えていると、頭の周りにエゴがたくさんくっついているのでエゴに引っ張られることが起こります。エゴは、ハイヤーセルフから降りてきたメッセージをすぐにジャッジしたくなります。そして、「でも」「だって」「どうせ」といって悩んだり自分を否定したり、外向きの意識に促します。

一方、これまでの自我は、体の周りにまとった鎧のようなイメージ。自我がネガティブに作用すると、自分の内側に宇宙があること、すべてはワンネスだということが信じられません。自分の肉体を指さして、「これこそが、私」という見方をしています。

だから肉体ではないハイヤーセルフを分離して考えるんです。


エゴや自我を制限として使えたからこそ、僕たちはいままで深く眠ってこられました。これまでの場合、エゴや自我は、目醒めのストッパー役として連れてきた自分の一部でした。

これまでの眠りの時代では、僕たちが波動を上げようとすると、エゴや自我がものすごい力でストップをかけてくれていました。僕たちが眠りを選んでいたからです。

だからエゴや自我に対しては、敵対視するよりも、「私は、もう目醒めていくと決めました。一緒に行こうよ」とていねいに伝えてあげることが大事です。

エゴと自我を含むさまざまなブレーキの感覚があまりに大きい場合には、宇宙風船に対してフォーカスを当てようと思っても、スムーズにいかないことがあります。ですので、ブレーキの感覚を感じるたびに何度も、目醒める意志をエゴと自我に伝え、ていねいに手放していくことが必要です。

このとき、**エゴや自我を嫌がるのではなくて、光になって浄化し、自分に返ってくるイメージをするのがポイントです。**

自分の一部であるエゴと自我を否定している間は、目醒めはスムーズに進みません。

エゴのワクワク？
ハイヤーセルフのワクワク？

エゴのワクワクか、ハイヤーセルフからやってきたワクワクか、区別がつかないという質問をよく受けます。

でもこの2つのワクワクは、全然違うものなんです。

エゴからのワクワクは、さらなるエゴを呼ぶ

エゴの場合は、アドレナリンがドバーッと出る感じで、ワクワクもあるけれど、ギラギラや興奮が強い感覚があります。

たとえば、「お金がないなぁ、今月の支払い厳しいなぁ」と思っている人のところに、大金が舞い込む話がやってきて、うわーっとテンションが爆上がりするときのようなエネルギーです。

ドキドキして、ギラギラして、なんとかして大金を手にしなければと鼻息が荒くなったり、肩に力が入ったり。そんな前のめりの感覚が、エゴからくるワクワクのわかりやすい特徴です。

一方、**ハイヤーセルフからやってくるワクワクは、リラックスしていて、静けさの中に爽やかな前向きさがあります。**「すてきだなぁ」「やってみたいなぁ」という気持ちには、どこかで「こうなると決めていた」「知っていた」みたいなしっくり感があって、力みや焦りは感じないのです。

エゴからくるワクワクも、けっして悪いわけではありません。ですが、そのワクワクギラギラに突き動かされるまま突っ走ると、どんどんエゴが大きくなり、目に見える結果ばかりに振り回されてしまうかもしれません。

魂の本当の希望をないがしろにした生き方から、抜けづらくなるかもしれません。

僕はエゴからきたワクワクだと気づいたら、ていねいに外します。エゴも執着もなくなってもう一度その物事を見たときに、「もういいや」と思えたら、行動を起こす必要はありません。逆に、エゴが外れた結果、リラックスした静かな状態で「やってみたいなぁ」と思えたら、そのときはワクワクに従って、行動してみましょう。

「降ろすだけ」ではチャネリングじゃない

この章の最後に、チャネリングの本質ともいえるくらい、とても大切な話をします。

僕たちはチャネリングをして、宇宙意識からメッセージを受け取りますが、チャネリングはけっして、降ろして終わりではありません。チャネリングのメッセージを受け取ること自体は、第1ステップにすぎません。

そのメッセージがしっくりきたら、「行動する」んでしたよね。これが第2ステップです。第1ステップと同じくらい大事です。

たとえば、「いま、自分にとって大事なことは?」とチャネリングをして、「転職する」というメッセージをキャッチして、それがしっくりきたならば、本当にいまの自分にとって転職することは大切なことです。

もちろんギャンブルのように転職をする必要はありません。いまできることから手をつけましょう。ただそうしたスムーズな行動がなければ、メッセージを受け取った意味はほとんどありません。

転職は人によっては大きなことです。チャネリングでは、**そういうドキッとするようなメッセージを受け取ることが、誰にでもあります。それでも、納得したならば行動してみてください。**

人生はあなたの魂が望んでいる方向に、だんだん（ときには大きく）変わっていきます。

そして、その次に第3ステップがあります。行動した先で、気づいたこと、学んだことを大切にしてください。

行動の先の気づきや学びを実感できたとき、あなたは本当の意味で、すてきなチャネリングをしたことになります。宇宙からのメッセージを受け取ったことになります。

眠っていた可能性が開花する！

この本の冒頭でもこの表現をしましたが、「チャネリングを生き方にする」のは、チャネリングの醍醐味です。

「降ろして、行動して、気づく」という3ステップを、ワクワクしながらやり続けていると、チャネリングがますます上手になるのは必然です。

チャネリングの精度を上げたいなら、「ランチになにを食べるか」「今日はどの服を着るか」といった、魂の生き方にはあまり影響しなさそうな些細なことでも、宇宙意識に質問して、降りてきたメッセージにしっくりきたらそのとおりに行動します。

そしてそこからの気づきや、本質の自分の声を採用したときの気持ちのいい感覚を大切にしてください。

いつでも、その選択からどんなことを感じたか、どんなことを学んだか、気づきをていねいに見つめてください。

このときメッセージを降ろすのは、外からではなく、自分の内側からです。自分軸でのチャネリングは、あなたの魂にたくさんの成長と喜びをプレゼントします。

チャネリングがうまくなっていくと、地球の感覚からすれば常軌を逸しているようなメッセージが降りてくることもあります。「それやるの?」と、頭はストップをかけようとするかもしれません。

ですが、頭では想像つかないようなことが、目を醒まして生きていく中ではたくさん起こります。たとえ、突拍子もないアイディアが降りてきたとしても、あなたがしっくりきて、ワクワクを感じられるなら、もしくは必要性や大切さを感じたならば、思い切って行動してみてください。

根拠がなくても、周囲の人とは全然違う考え方でも、これまでの時代にはあり得なかったことでも、いいなと思ったら「オッケー！」といって行動に移してください。

そうして得た気づきが、次の魂の喜びや成長につながっていって、あなたの生き方はみるみる変わっていきます。

「降ろし屋」はチャネラーではない

「降ろして、行動して、気づく」のがチャネリング。降ろすだけでおしまいなのは、単なる降ろし屋です。だから、チャネラーと降ろし屋はまったく違います。

降ろし屋になって、クライアントさんに対してセッションがしたいだけなら、それは意外と簡単です。クライアントさんがいるときだけ宇宙意識にフォーカスすればいいのですから。

でもそれでは、厳しく聞こえるかもしれないけれど、目醒めていく人のチャネリングではありません。ただ降ろすだけでは、「生き方」は眠っていたときとなにも変わらないんです。

どうしてチャネリングをしたいのか。なぜチャネリングが上手になりたいのか。いま一度、考えてみるのもよいかもしれません。

僕にとってチャネリングは、「目醒めて生きる自分」の大切な生き方です。

Column

チャネリングがもっとうまくなる「チャネリングノート」

チャネリングがうまくなる方法としておすすめなのが、「チャネリングノート」です。「降ろして、行動して、気づく」のサポートになるノートです。

チャネリングノートを続けると、ハイヤーセルフとひとつになって人生を生きることを習慣にしていくことができます。また、行動力が育まれたり、変化を楽しめるようになったり……と、チャネリングを通して内なる宇宙の感性を、地球の生き方のベースにしていくことができます。

チャネリングノートのやり方

使うもの…ノートとペン

ノートの大きさは自由ですが、できたらお気に入りのものを用意します。このノートは、あなたの神殿のようなものだからです。ページを開いたら、上から下へ、真ん中に線を引いてください。

❶降ろす（朝）

朝起きたら、チャネリングで、「今日、自分の魂にとって大切なこと」を、内なる宇宙から降ろしていきます。そこで感じ取ったことを、ノートの左側に書き出します。

箇条書きでも長めの文章でも構いません。自由に感じ取ったことをノートに表現しましょう。

「○○に出かける」「○○をやる」みたいな具体的な行動から、

「愛を大事に過ごす」「リラックスを心がける」といった意識レベルのことまで感じたことを書いてみてください。

❷行動する（日中）

❶で書いたことのうち、「しっくりくるな」「ワクワクするな」「これは大切（必要）だな」と感じたことは、その日のうちに行動したり心がけたりします。

❸気づく（夜）

またノートを開きます。❷で行動したり心がけたりした結果、どんなことに気づいたか、自分の中になにが芽生えたかを、右側に書いてみましょう。

このノートを書くのは、反省会のためではありません。「これはチャレンジできなかった」「あれはうまくいかなかった」と行動や結果をジャッジするのではなく、チャレンジから得た気づき（失敗の中にも気づきがある）を、ていねいに見つめてください。「明日はこういう部分に気をつけよう」という修正点を書いてもいいのですが、自分を責めるためのノートではないことは、心に留めておいてください。

チャネリングノートはハイヤーセルフの感性を使って生きたことで、どんな気づきという宝物があったかを発見するツールです。宝物といっても、大げさなものである必要はありません。小さな愛の感覚や幸せの体感に気づくのは、とても美しく深い出来事です。

ノートと向き合っているときに、恐怖や不安、後悔などのネガティブな周波数が出てきたら、ペンを止めて、その周波数を手放します。チャネリングノートを「やらなければいけない」のような義務感も、もし出てきたら手放します。誰もノートを強制していません。自分の魂にとって必要と感じるならば、「めんどうくさい」を手放したうえで、ノートに向き合うのがおすすめです。

ネガティブな周波数を手放しても「いまは必要ないな」と感じる場合は、やる必要はありません。「書きたいな」(もしくは必要だな)と思ったら書く。書く必要がないと思ったら書かない。自分のハートに聞いてみて、自分にとってベストなほうを選んでください。

チャネリングノートをワクワクしながら続けていると、チャネリングがうまくなっていきます。ただ、上達の速さに優劣はありません。「私という宇宙の中にすべてがあり、そこからメッセージを降ろしている」という自分軸の視点でチャネリングを続けていってください。ハイヤーセルフの自分の感覚をだんだんと思い出し、目醒めも進んでいくことになります。

Chapter 2

チャネリングの4つの練習法

練習法❶ 瞬間的に情報を受け取る

●めあて

自分の宇宙意識にアンテナを立て、瞬間的に周波数のピントを合わせる。

●やり方

①意識の中心に立って、宇宙風船に意識を向けます。

②景色や植物や雑貨など、身の回りのものをひとつ見ながら、軽く、パン！と手を叩きます。

③その瞬間に感じたことを0・1秒以内に言葉にします。

自分の内側からやってくる感覚は、色かもしれないですし、星の名前かもしれないですし、「愛」などの感覚かもしれません。あなたの感覚で捉えたものを瞬間的に言葉にすることで、チャネリングの回路を開いていきます。なぜならば、チャネリングのメッセージは、いつも一瞬のうちに降りてきていて、それをあとから言葉やビジョンに翻訳しているからです。

慣れてきたら、どんどんいろんなものを見て、内側からやってくる感覚や言葉を次々とキャッチしていきましょう。感じたことを瞬時に答えるには、頭で考える余地はありません。ピュアに周波数を捉える力がつくでしょう。

練習法❷ 遠隔の情報を受け取る

●めあて

自分の宇宙意識にアンテナを立てつつ、
ここではない場所やものの周波数にピントを合わせる。

●やり方

①意識の中心に立って、宇宙風船に意識を向けます。
②あなたの家の中を思い浮かべてください。
③「冷蔵庫の中のあの食材は、いまどんなエネルギーかな?」
「お庭のお花はどんなエネルギーかな?」

などと宇宙意識に問いかけます。
④意識を向けた場所やものの情報が、
光の波紋とともにメッセージとして降りてきます。

感じたことを自分なりに翻訳し、
言葉で捉えてみてください。

ここで大切なのは「当たった」「当たらなかった」ではありません。大事なのは、あなたの中で感じたことはなにか、ていねいに感じ取り、受け入れていくということ。これはチャネリングだけでなく、目醒めにもとても大切なんです。
自分が行ったことのない場所や、以前行ったことのある場所などについて、同じ手法で感じ取るのもおすすめです。

練習法❸ 神さま、天使たちとチャネリングする

●めあて

自分の内なる宇宙に存在する神さま、天使たち、アセンデッドマスターや宇宙人など特定の存在とつながってメッセージを受け取る。

●やり方（例として龍神とつながります）

①意識の中心に立って、宇宙風船に意識を向けます。

②自分の宇宙風船の中に、龍神がいるのをイメージします。
姿を具体的に思い描けないときは、大きな光の球をイメージします。

③宇宙意識の中の龍神にフォーカスを当てると、龍神から光の波紋がハートに送られてきます。

④龍神に対して、なにか質問します。
質問する前に、自然とメッセージが届くこともあります。
感じたことを自分なりに翻訳し、言葉で捉えましょう。

龍神は、主に浄化や上昇をサポートしてくれることの多い存在ですが、浄化に関することを伝えてくるとは限りません。情報や思い込みを気にせず、感じたことを自分なりに捉えましょう。

なお、特定の存在とつながろうとしなくても僕たちに必要な情報はちゃんと降りてきます。本来は、ハイヤーセルフとひとつになってチャネリングをするだけでいいのですが、興味のある方はこういった手法も取り入れてみてください。ご縁のある存在とつながると、いつもと違う深さや角度を感じることがあります。

練習法❹ 誰かのことをチャネリングで開く

●めあて

目の前に人がいても、

アンテナを立て、意識を向けるのは自分の宇宙風船。

●やり方（誰かといるときに行います）

①意識の中心に立って、宇宙風船に意識を向けます。

②目の前の人の源と、あなたの源はつながっています。

自分の宇宙風船に意識を向け、

光の波紋をハートで感じます。

③光の波紋を心地よく浴びながら、

浮かんだことをそのまま言葉で表現してください。

（チャネリング感覚というよりは、

宇宙風船の心地よい自分でそこに存在する感覚です）

このやり方は、一般的なチャネリングの感覚とは違うかもしれません。でも、ハイヤーセルフの意識に目醒めていくために、とても大切なレッスンです。

相手の話を聞いている間も、話の内容ではなく自分の宇宙風船からやってくる心地いい波紋にフォーカスを当てます。もし目の前の人がさめざめと泣いていても、怒っていても、意識は自分の宇宙風船に向け続けていてください。

相手に言葉を伝えるときは、宇宙風船からの心地いい光の波紋を浴びながら感じたことを、まっすぐ伝えます。けっして遠慮したり、オブラートに包んだりはしません。オブラートに包もうとせずとも、僕らの宇宙風船（ハイヤーセルフ）は愛の存在ですので、だんだんと自然と愛の感覚で、相手に伝えるべきことを伝えられるようになっていきます。

ただし、愛の感覚で存在するとはいっても、自分にとって「NO」と感じるならはっきり表現します。愛を持って「NO」と表現しましょう。

目醒めていくことと「イエスマン」になることは、まったく違います。目醒めるとは「あなたはもっとあなたになる」ということ。そのためには、あなたの中の「YES」「NO」を愛を持って表現してみてください。


あなたがセラピストで相手がクライアントさんであっても、家族やパートナーに対してであっても、どんなシチュエーションであれ、このスタンスはいつも同じです。

Column

チャネリングとリーディングの違い

チャネリングとリーディングはどう違うのでしょう。

一般的に、チャネリングでは異なる次元の存在とコミュニケーションを取ります。一方のリーディングでは、物質や場所などの対象のエネルギーを読み解きます。いわばチャネリングは多次元存在とのコミュニケーションの作業で、リーディングは対象のなにかの情報を受け取る作業です。

僕自身は、それらの違いは曖昧だし、敢えて区別をする必要はないと感じています。なぜなら、どちらもハイヤーセルフの感性で行うものだからです。きっとここまでのチャネリングの練習のなかでも、皆さんはリーディング的な作業も行っていたはずです。

Chapter 3

僕がチャネリングで聞いたこと

実際に僕が降ろしたメッセージ

この本で僕が触れたいと思ったテーマについて、
実際にチャネリングをしてみました。

まずそのテーマについて宇宙風船に呼びかけると、
特定の存在が現れます。
そして、光の波動（メッセージ）が
僕のハートへとやってきます。

そのメッセージを本章ではシェアしていきますが、
僕が感じたことも少し
各項目の最後に補足させていただきました。

順番に読み進めても、
ピンときたテーマから読むのでもオッケーです。

チャネリングはこの章のように長めの言葉が
降りてくることばかりではありません。

ここまで話したスタンスをもとに
チャネリングを続けていけば、
自分にとって必要なメッセージを
誰でも、上手に受け取れるようになっていきます。

「居場所」について

＊聖母マリアが教えてくれたこと

【聖母マリアからのメッセージ】これまでの地球では、「居場所」といったとき、それは物理的な場所を指すことがほとんどでした。つまり、居場所というものを外につくろうとする習慣がありました。

しかし、目を醒ます新しい人類にとっての本当の居場所は、「自分が自分であること」によって生まれます。

家の中にいようが、自然にいようが、都会にいようが、物理的な場所は関係なく、どこにいても、心地よさ、リラックス、安らぎを感じることができる。自分の内側に自分の居場所を見つける人々が増えるようになります。

これは別の表現をすれば、どんな場所でもあなたが「愛」であるということ。特定の場所では愛を感じられ、愛を表現できるけれど、別の場所ではそれができないというのは、分離の意識です。

いつもハートに耳を澄まし、自分の意識の中心にあなたが立つならば、外は関係なく、どんな場所でも自分自身の中に愛を育み、愛を見つけて、誰の前でも愛そのものであることができるでしょう。

コミュニティに執着しなくなる時代へ

これからの時代はいろいろな面において、物理的な場所に囚われなくなる時代です。人類は文明が発達したことで、多くの場所で自分を表現し、つながりながら生きていけるようになりました。これからは、「意識のネットワーク」もさらにオープンになるため、波動という電波でのつながりや共鳴が、これまで以上に増えていくことでしょう。

個人差はありますが、全体的にいうと、ひとつのコミュニティだけに属するという人は、この数年間で減っていくことでしょう。人々は、複数のコミュニティに属するようになります。たとえば複数のお仕事の環境があったり、複数の趣味の仲間のコミュニティと関わったりなどの機会が、自然と地球で増えていきます。

関わるコミュニティが増えるのは、皆さんの意識が多次元化に向けてオープンになっていくからです。自分のパラレルラインを複数持って、これまでの一生の何倍もの経験を、今世で濃密に生きるようになります。

ただし、これは自分軸が確立していないと難しいことです。「魂のスケジュール」を自分のアンテナで感じ取り、自分の責任で決めていく必要が、これまで以上に出てくるからです。

それを実現したときの人類は、特定のコミュニティや人に執着することがなくなります。**誰かがそのコミュニティから去るとなっ**

ても、「悲しい」「寂しい」という気持ちにはなりません。「いってらっしゃい、ありがとう」というニュートラルな気持ちでいられます。そしてまた新しい縁が結ばれることもあり、みんなが風のように自由な関係性を生きるようになります。

みんな深いところではつながっている

だからといって、人との深い関係性が育めないということはありません。これまでの時代では、人と人が本当の意味で深くつながるためには時間がかかりました。これからは、もっと簡単に、シンプルに、短い時間で「本質的につながる」ということが可能な意識状態に人類は向かっていきます。

たまにしか会わない友人であっても、会っている時間に深いつながりを経験し、豊かさを共有し、満ちた意識で「また機会があれば会いましょう」と別れられます。仮に10年ぶりの再会だとしても、すぐに深い調和の意識でつながることができます。なぜならば人類のワンネスの意識が開いていくからです。

ワンネスの意識とは、たとえ物理的に1人であったとしても、本当はみんなひとつであると知っている意識です。

そんな深い安心感で存在できるワンネスの意識。これからは、1人になることを恐れるのではなく、みんながひとつであることの喜びを深い意識で経験する時代に入っていきます。

僕からの補足

みんながパワースポットになる時代へ

アセンデッドマスターの1人である聖母マリアは、愛や癒やしの象徴的存在です。

聖母マリアは、「いまある居場所は大事にしましょう」と伝えています。

なぜなら、なにかを大切に扱うと、自分の内側にある愛を感覚的に学べるから。愛として存在できる人は、自分自身がパワースポットになります。目を醒ます人々がつくった場所は、それ自体がパワースポットになるんです。

そうなれば、いわゆる神社などのパワースポットにわざわざ出かける意味はなくなるのか、といったらそんなことはありません。パワースポットは、場所によってさまざまなエネルギーの個性を持っています。もし惹かれる場所があるなら、そこに行くことで、自分の中に眠っていたエネルギーと共鳴、共振が起こり、自分もパワースポット自体もアップデートできたり、相乗効果を起こしたりすることができます。

とくにこれからは、目を醒ます人は、より軽やかな地球に移行するので、1人ひとりがパワースポットとなり、パワースポットどうしの関わり合いでエネルギーが活性化し、波動がさらに高まっていくようになるでしょう。

大天使ミカエルが教えてくれたこと
＊「嘘」について

【大天使ミカエルからのメッセージ】 嘘というのは、その人物の真実の在り方を歪めるものです。

たとえば、「嘘をついたほうが波風が立たない」という理由で嘘を美化することは、決して調和を取る行為ではありません。なぜならば嘘をつくと、自分の中の調和は気づかぬうちに乱れます。結果的に不調和を使って現実をつくることになるからです。

これからは真実の時代です。

この先は、あなたの中で感じた真実、いいかえれば本心を、調和の意識で表現することにチャレンジすること。それがあなたにとっての目醒めの最短ルートとなるでしょう。自分が嘘を美化していては、真実の自分を見つけることが難しくなります。

もしもあなたの意識が本当に調和が取れた状態ならば、どんな真実や本心を届けたとしても、不調和が生まれることはありません。あなたが不調和の周波数を使わなければ、そのような現実の映し方はしないからです。

嘘をつくことになるのは「外向き」だから

嘘を正当化する生き方をしているとき、あなたは外向きの意識を使っています。嫌われないように、変な人だと思われないようにと、外向きの意識を使うことで、自分自身の本当の在りたい姿を遠ざけています。

しかし、目醒めていくことをあなたが選ぶのであれば、どんなときでも、誰の前であっても、自分の本心をていねいに話し、行動にすることが大切です。

あなたがこの生き方に慣れていくまでに感じる、本当の気持ちを正直に表現したときに出てくる自分の中のザワザワとした周波数。「ああ、こんなことをいってしまった」といった周波数。それらを手放していくと、あなたの中は調和に満ちていきます。

いま地球には目を醒ますことを決めて、真実の自分を生きはじめようとしている人々がたくさんいます。それにブレーキをかけているのが、嘘なのです。

嘘によって建前をつくり、嘘によって自分自身との関係に壁をつくる。人類は、そういう歴史が長いので、真実の自分を生きようとしたときに、「いまはいわないほうがいい」と自分の殻を破ることにブレーキをかける習慣があります。

嘘で隠していたネガティブを正面から人にぶつけなさいといっているわけではありません。あなたの魂（ハイヤーセルフ）の中には、そもそもネガティブはありません。

あなたの中には光が満ち満ちています。その光の正直さを使って

ください。もしもあなたの中でネガティブ、影となる部分が強く出ているとしたら、それは本来のあなたのエネルギーではありません。浄化する必要があります。

真実の自分として生きるのを望むなら

嘘をつかずに生きると決めることは、人によっては、勇気がいることかもしれません。それによって人との摩擦が生まれると想像する人もいるでしょう。それでは仕事が成り立たないと想像する人もいるでしょう。しかし、あなたは、嘘をついた状態でバランスを取ることをこれから先も望むのでしょうか。それとも、真実の自分として存在しても波風が立たないところまで自分の波動を引き上げることを望むでしょうか。

あなたの魂はどちらを望んでいるでしょうか。どちらがいい悪いではありません。あなたの本当の望みを生きてください。

僕からの補足

いつでも感じたままを表現するだけ

大天使ミカエルは、主に人の使命をサポートする天使です。また、不必要なエネルギーやつながりを断ち切るという角度も持っています。

自分の内側と一致した生き方をするとき、嘘をつかないというのはとても大切になると僕は感じています。

たとえば、人を喜ばすために話を大げさに話すことも自分の中心からズレる行動になります。

大袈裟にすることも、反対に謙遜しすぎることもなく、自分の感じたままをナチュラルに話すこと。いつもニュートラルを心がけていると、「それはちょっとダイレクトすぎませんか?」というようなことも、調和の意識で届けることができるようになります。

「ガイド」について
＊陰陽師が教えてくれたこと

〔僕のガイドの1人の陰陽師《おんみょうじ》からのメッセージ〕「ガイド」と呼ばれる存在には、さまざまな立ち位置がありますが、メインガイドと呼ばれる存在は、誰にでも必ず存在します。

メインガイドがどんな存在であるかは人によって違いますが、地球人の多くは、過去世の自分である場合も多いです。

脳みそのペースから魂のペースへ

そのメインガイドたちのスタンスが、いま変化しはじめています。どこが変わってきたかというと、人類の「頭のペース（古い概念に縛られたペース）」に合わせなくなってきたのです。

これまでの眠りの時代は、魂よりも頭が優位に立つ時代でした。ガイドたちはそれを考慮してサポートをしてきました。もしそれを無視すると、頭がショートを起こし、反動によって宇宙とのつながりが逆に断ち切られる可能性もあったからです。

しかし、多くの人たちがこの地球上で目を醒ましはじめています。その人たちは、頭のペースではなく、魂のペースへと移行しはじめています。それに合わせてガイドたちもサポートのペースの基軸を頭から魂にシフトさせたのです。

いま、人生がどんどん変化していくことに驚きを感じたり、慌ただしさを感じたりしている方が一定数いるのを見受けます。それは、頭のペースから魂のペースへとあなた自身、そしてあなたのガイドが切り替えを起こしているのもひとつの要因です。頭のペースよりもハイペースで成長が起こっているということです。

また、もしあなたが、頭から魂へとハンドルを握り替えていくならば、物事を選ぶときに、根拠やメリット、デメリットは手放してください。それらがないと選択できない、進めないというのは、頭のペースのときの習慣です。

物事がジャストタイミングでやってくる人生へ

魂のペースで生きるには、「これが大切」「これが必要」という道標を感覚レベルで捉えることも必要です。物事がジャストタイミングでやってくる世界にさらに変わっていきます。あれこれ考えていると、その間に最適なタイミングはスルーされ、人生のリズムが損なわれてしまうことになります。魂のリズムに慣れていこうと思うのであれば、ジャストタイミングで、やってくる流れに許可を出すことを大切にしましょう。

もちろん、自分の中の答えが見えづらいときは、「今日1日、じっくりとハートの声を感じてみよう」とていねいに自分と向き合うことも大切です。ただ、自分自身が「イエス」と思ったのに、それを打ち消すかのような思考をして、ベストなタイミングを逃すというのは、卒業していくことが大切です。

自分にとって「イエス」なら、現実的な根拠やメリット、デメリットの計算は関係なく、それを選んでください。どうしてもいま決断できないのであれば、「いつまでに決めよう」と期限を設定することもおすすめです。なぜならば、あなたがそれを意図すれば、あなたのガイドは、その答えを発見できるように新たにスケジューリングしてくれます。

人生にはさまざまな選択とタイミングがありますが、大体のことは、まずはその瞬間に自分のハートで感じてみる。それが難しければ3日以内に決めることがおすすめです。ジャストタイミングで選んでいく意識を大切にしてください。

僕からの補足

自分のメインガイドを知るチャネリング

僕は過去世で陰陽師だったことがあります。その陰陽師はいま、僕のガイドの1人です。

ガイドというと、「ご先祖さま」と捉える人も多いようですが、僕が捉えているガイドは、自分をサポートするすべての存在です。ご先祖さまもいれば、過去世の自分もいたり、自分とゆかりの濃い星からの宇宙人ガイドもいます。その中には、メインガイドと呼ばれる中心的な存在が1人もしくは数人います。

僕たちが目を醒ましていく中で、メインガイドのポジションチェンジが起こることがあります。それまでのガイドがいなくなるのではなく、僕たちをサポートする立ち位置を変える。なぜなら、僕のガイドがメッセージをくれたように、目醒めを選んだ人たちは、頭のペースから魂のペースに生き方を変える時期にいるからです。

誰が自分のメインガイドをしているのかを知りたい人は、「いま私のメインガイドをしているのはどんな人ですか?」と、自分のガイドに問いかけてみてください。これはチャネリングの練習になります。ふわっと人物像が浮かんでくるかもしれませんし、光の球のようなものを捉えるかもしれません。

メインガイドは、今世の自分の才能や気質と似た部分を持っている過去世の存在であることも多いです。過去世の自分は、実際に地球で暮らしていた存在なので、地球について詳しく、いまの僕たちの生き方、やりたいことにリンクしている場合もあります。

ガイドとの距離を縮めるコツは、やはり、自分の捉えた感覚を無視しないこと。ガイドはいつも僕たちにサインを送ってくれていますから、光の波紋をていねいにキャッチしてみましょう。

また、ガイドに話しかけるのもおすすめです。たとえば「私はいまこうしていくことに決めたよ」と報告したり、日頃の感謝を伝えたりしてみてください。

「時間」について
＊マーリンが教えてくれたこと

［マーリンからのメッセージ］地球上では、「時間」というものは、過去から未来へと経過するものだと捉えられています。そして、時計の針がひと目盛り動くことを1秒だと解釈していることでしょう。しかしその1秒の間になにが起こっているかは、あまり重要視されていません。

1秒の密度はときによって異なる

人はその1秒の中でパラパラ漫画のようにたくさんのパラレルを移動しています。ただその密度はそのときによって異なります。1

秒間の中でわずかしか人生のパラレルのページをめくっていないときもあれば、数百ページ以上めくっているときもあります。

いま地球では、時間の波動の密度が上がり、同じ1秒、同じ1年だとしても、10年前と現在とでは、あなたが通過しているパラレルは平均で10倍近く違ってきています。いまのあなたは1年でこれまでの10年分の成長を経験することが可能になっているのです。

表現を変えると、1秒という瞬間には、以前の10倍もの大きな価値があるということ。それほど凝縮された時間を生きていると捉えてみてください。「時間をなんのために使うか」は、あなたにとって、さらに大切な選択となっていくはずです。

たとえば、1か月の間、自分の魂からズレた生き方をしたら、それはこれまでの時代の感覚でいえば、1年近く自分と向き合わずに生きたような密度になります。

もしもあなたが、充実した時間を過ごしたいのであれば、できるだけ柔軟であることが大切です。柔軟であればあるほど、あなたは時間の密度を上手に扱えるようになります。たとえば「私はいまこれに意識を向ける」とひとつの事柄にフォーカスすることで、その時間の密度はより凝縮されるようになります。

反対に、あなたの中に柔軟性が足りていないときは、時間の密度の使い方が非効率になりやすいものです。「頭が固い」という表現がありますが、それは周波数が固い状態ともいえます。頭が固くなると、「1か月で自分ができる変化はせいぜいこのくらいだろう」など、どうしても古い地球の「時間」という概念に縛られやすくなります。

休憩は、集中するのと同じくらい大切

また、いま地球に滞在している人たちは、「休憩」の質を高めることも今後の課題のひとつです。休むことは、集中するのと同じくらい大切なことです。

休むことによってあなたは人生の章を切り替えることができます。

休憩は、いわばエネルギーの切り替えの儀式です。

あなたは目醒めのプロセスで、大小のサイクルをいくつも超えながら、エネルギーの切り替えを体験しています。その切り替えを上手にできるかには、質のよい休憩をできているかが大きく関わっています。

休憩はだらだらするのとは違います。もちろん、「今日はだらだらすることが自分にとって大事」と捉えてのことであれば結構です。しかし、なんとなくだらだらするのは休憩にはなりません。エネルギーが鈍くなるので、かえって心身の疲れにつながります。

自分にとってどんな休憩、リフレッシュが望ましいのか、自分に一致して捉えることを大事にしてください。自分と一致した休憩の時間を過ごすことができると、あなたのエネルギーは活性化され、物事と深く向き合う必要があるときや、行動が必要なときなどに、より大きなエネルギーを注ぐことができます。あなたに降りてくるアイディアはより明確でパワフルになり、行動の質も変わるでしょう。

疲れない生き方が可能になっていく

さらにいうのであれば、これまでの地球においての休憩とは、疲れた体や心を癒やすためのものという概念でした。しかし「疲れる」という状態は、眠りの現象なのです。自分とズレているから、疲れるのです。

もちろん目を醒ますプロセスの中で「疲れる」という経験をすることはまだあるでしょう。しかし、本当に目を醒ましていった先には、疲れそのものがなくなります。

疲れることが当たり前という時代は、目を醒ます人の選ぶ地球ではだんだんと終わりを告げるでしょう。

となると、休憩はどういうものになるか。それが、先ほどお伝えしたように、次のサイクルに向かうためにエネルギーを整える時間、エネルギーを調整するためのものとなります。

僕からの補足

自分からズレなければ疲れることはない

マーリンは、アセンデッドマスターの1人です。今回の時間やパラレルの話のように、目に見えない「宇宙の原理」「叡智」について深く理解している存在です。

この地球では、「年を重ねると疲れやすくなる」とよくいいますね。それはみんなの意識の中に、「長い時間を生きる＝老いる＝疲れる」という概念があるからです。

でもその概念を使わなければ、年をとったからといって、疲れやすいとはならないはずです。おじいさん、おばあさんになると「ひざが痛くなる」「腰が曲がる」「病気をしやすくなる」というのも同じです。それらの概念を手放していけば、地球を旅立つ寿命の直前まで若々しくいられるようになっていきます。

また、「時間はみんなに平等に与えられている」といったりもしますが、人によって時間との関わり方はまったく違いますから、同じ時間を過ごしているわけではありません。

「つまらない」と思うことをやっていると、周波数が鈍くなり、軽やかなパラレル移動ができません。そのため長い時間を費やしてもあまり成果が出ないということが起こります。またそういうときは時間を長く感じることも多いかもしれません。

反対に「おもしろい」と思うことに夢中で取り組んでいるときは、周波数は軽やかで、あっという間に時間が過ぎたりします。あっという間だけれど、充実していて密度が濃いため1時間が5時間分の経験をしたかのように豊かに感じられたりする。不思議と疲れも感じません。それも自分と一致した時間の使い方をしているときのひとつです。

「仕事」について
✳7次元の宇宙人が教えてくれたこと

〔7次元の宇宙人からのメッセージ〕これまで地球で「仕事」と呼ばれていたものは、「生きるためのお金を得る活動」という概念が大きかったのではないでしょうか。しかし、宇宙の高次と呼ばれる領域では、それとは違う考え方をします。自分とハイヤーセルフが交わした約束のひとつの形が仕事です。「これを経験するために地球に行く」という魂の希望の一部を形にしたのが仕事です。

これからの地球には、魂で仕事をする人が増えていくでしょう。人類の魂はユーモアと好奇心に溢れています。魂は地球に遊びにきたともいえて、あなたがこの地球上で魂の本領を発揮し、思いっきり、そして深く楽しむことが仕事の醍醐味といえるのです。

お金と仕事を結びつける必要がなくなる

「でも、それではお金にならない」と、これまでの概念が顔を出す人がいるかもしれませんが、逆に私から質問です。「お金にならないことは役に立たないこと」「お金にならないことはやっても意味がない」と、お金を理由に自分の可能性を遠ざける人生経験をこれからも続けていきたいでしょうか。

いま、地球ではお金の問題と向き合うということもたしかにあるかもしれません。お金について「問題」として人生に現れているならば、そこと向き合うのは大切です。ただ、もしあなたがお金についての制限の周波数を手放すなら、お金と仕事の関係も変わります。

もし、お金にまつわる制限がいま出てきているのであれば、なおさら、「魂が喜びを感じる人生とはなにか」に向き合っていくこと、そしてできることを行動にしていくことが大切です。

お金というものは、豊かさのエネルギーのひとつです。本来、あなたが魂から望むこととていねいに向き合って、必要な行動をしていれば、豊かさのエネルギーが循環し、お金というアイテムも自然と循環していきます。

ただ、「ワクワクすることをやったんだから早く結果をちょうだい」と、すぐにお金や結果に執着するのは、「魂の在りたい生き方」とはズレていると思いませんか？　魂からズレるから、また豊かさの循環から外れてしまうのです。

あなたがやりたいことをやって、本当に望む生き方をしているなら、「宇宙の豊かさの循環」の輪に入ることになります。結果を早急に求めるのは、まだ熟していない実を収穫しようとしているのと一緒です。大切なのは、魂の「望み」とていねいに向き合うこと。お金というアイテムの収穫よりも、それは魂にとって価値があることです。

お金のために「魂の生き方」をするのではありません。魂の生き方自体が地球にきた目的であり、豊かさの循環は魂の生き方をしたときに自然と触れる「宇宙の流れ」なのです。

つまりは優先順位を整理することが大切といえます。あなたはお金を求めることと、魂の本当の喜びと向き合うこと、どちらが大切に感じるでしょうか？

好きを追求すると想像以上の流れが起きる

あなたの中にある豊かで美しい好奇心を爆発させてください。少年少女のようなピュアな心を使えば、さまざまな人生の道を展開していけます。

仕事は、あなたとハイヤーセルフが交わした約束とお伝えしました。つまり、仕事はあなたの魂が最高に輝くステージのひとつであり、あなたが最高に楽しみ、深く学ぶための遊び場でもあります。

波動を上げていく地球では、仕事と遊びの境界線がどんどんなくなっていきます。どんなことであっても、魂の「好き」「喜び」を追求していく時代です。

いまはまだ想像がつかないかもしれませんが、純粋に「好き」を生きる人、魂の約束を生きる人は、文字どおり、想像を超える流れに入っていくのです。

僕からの補足

その仕事で自分はどう在りたいか

このとき答えてくれたのは、「惑星エルネ」という地球ではあまり聞いたことがない惑星の宇宙人でした。一部は大天使ミカエルもサポートしてくれました。

1人ひとりが仕事をどう捉えるか。それはこの先、もっと重要なテーマになっていくのではないでしょうか。

これまでは誰かと仕事をするといったら、同じ職業、同じ業界などの、目に見える共通点がある人と実行することが多かったように思います。それがいままでは、人生のスタンスや理念が同じ方向性だと自然と出会って、コミュニティができて、そこに仕事やチャレンジが生まれる流れが、ますます起こりやすくなっています。たとえば、ある人は音楽家、ある人は農家、ある人はヒーラー、ある人は趣味でお菓子をつくっているとして、活動内容だけで見ると、その4人は完全にバラバラ。でも4人みんなが「調和のスタンス」「目醒めのスタンス」という方針で活動をしていたりすると、そこからいろいろなことが生まれます。つまり、どんな内容の仕事をしているかとは別に、自分がどう在りたいかとていねいに向き合い続けることが大切で、そのエネルギーが太くなればなるほど、エネルギーレベルで共鳴し合う人たちが現れるのです。

自分の魂から望む「生き方」や「在り方」を大切に、魂の持ち味を発揮していくと、人との関わりに深さが生まれ、人生が大きく展開します。自分自身という唯一無二の存在を構築する自分軸は、仕事に限らず、これからとくに大事になるでしょう。

「自由」について
✳セントジャーメインが教えてくれたこと

〔セントジャーメインからのメッセージ〕これまでの地球においても、「自由」は大きなテーマでした。いまこの地球はアセンションのタイミングを迎え、目を醒まして生きることに取り組んでいる人たちが多く存在しています。そのプロセスで、自由の概念も変わりはじめています。

あなたを自由にできるのは、あなただけ

いまの地球ではまだ、「自由は自分の内側からもたらされる」という視点はあまり定着していません。でも自由は、あなたの内面から生まれるものです。あなたの外に広がる現実世界の中に、真の自由を与えてくれるものはなにひとつありません。もしもあなたが「自由や幸せは、自分の内面からもたらされる」と確信しているなら、自分の内側とどんなときも向き合うはずです。しかし地球上では、その取り組みがスムーズにいかない場面がまだ多く存在します。

本当はあなたの内側にすでに自由があるのに、それには目を向けず、外側にエネルギーを注いでいては、あなたの中に存在する自由の感覚を、いつまでも見つけることができないのです。自由な意識でいたいのであれば、本来は自分の内側を整えていくことが最優先であるはずです。しかし、外（周りの評価、現実的な結果）を向いて生きているため、「外向き」という視点を拭い去れずにいるのではないでしょうか。

目を醒ましていく人生はまだはじまったばかりです。これを意識的に卒業していく姿勢は、目醒めの第一歩といえるでしょう。地球ではだんだん、宇宙の真実が認知されはじめています。現実をつくる自分の中に自由があり愛があるならば、自分の中を整えクリアにしていくこと以上に、あなたに自由をもたらすことはないと理解できるはずです。

自由とは、思いどおりの人生を生きることではない

現実でなんでもできることが自由ではないのです。好きな人生を生きることが自由ではないのです。好きな人生を生きることは、意識が眠っていたときにもできたことです。自由は好きな人生を生きることではなく、外側がどうあろうとも、自由を感じられる自分の在り方、そのものなのです。

もちろんこの在り方をしていたら、現実レベルでもおのずと自由度が増すでしょう。しかし、それはあなたの中で自由を活性化させた結果として溢れ出た、余韻のようなもの。本当の自由の源は、あなたの内側にあるのです。

僕からの補足

自由の意味が変わっていく

セントジャーメインはアセンデッドマスターの1人です。

目を醒ましていく人の中には、「私はお金がいっぱいあって、なんでも買えて、どこにでも行けて自由です」というような物質的な観点での自由だけを「自由」とする価値観に、違和感を覚えはじめている人もいるかもしれません。

たとえばあなたが、理想どおりの大きな家に住み、ブランドの服を着ていたとします。でもそれが、自信のなさを隠すためにやっていたり、心の中では自由でも幸せでもなかったりしたら、それは本当の幸せではありませんよね（それが悪いわけではありません）。

目醒めていく僕たちはこれから、そうした外側視点の自由から解き放たれていき、誰かと争ったり比べたりすることのいっさいない新しいフェーズへ入っていくことになります。

「大人」について
＊プレアデスの宇宙人が教えてくれたこと

〔プレアデスの宇宙人からのメッセージ〕地球でいう「大人」と「子ども」の違いは、肉体の成長レベルや年齢差で分かれていることがほとんどでしょう。高次と呼ばれる宇宙の領域から見ると、その概念は少し異なります。

あなたがいう大人とは、大きな入れ物のことを指しています。どんなものでもいいので、手のひらに収まるほどの大切なものをひとつ思い浮かべてみてください。それを大きな袋に入れても、小さな袋に入れても、大切なもの自体に変わりはありません。

それと一緒です。地球で成人という意味の大人は大きな入れ物で、中に入っている魂、ハイヤーセルフ性は、子どもであっても大人であっても優劣の差はいっさいありません。大人の姿形をしたハイヤーセルフか、子どもの姿形をしたハイヤーセルフか、というだけなんです。

大人と子どもの垣根は、じつは薄い

私たちが住んでいる惑星は、大人と子どもの垣根がとても薄いです。地球には、大人にはできても子どもにはムリといった視点がありますが、私たちの惑星では、大人も子どもも関係なく、自分の才能を発揮します。

それが可能なのは、私たちの惑星では、基礎知識を吸収するテクノロジーが発達しているからともいえます。あなたが地球に生まれ、社会に出るまでに家庭や学校などで学ぶような膨大な量の基本的な知識を、私たちの惑星では3日以内にインプットできます。

いま地球は目を醒ましていくプロセスの途中であり、難しいことをやったほうが「すごい」という概念を使っている人がまだ多いように感じます。ただ、皆さんの波動が上がって、どんなことでもシンプルに捉えて行動に移すことができるようになったら、要は「簡単さを本当に受け入れられるレベル」まで波動が上がっていけば、そういったテクノロジーも使えるようになるでしょう。

また、知識量の有無は、その人の魂の美しさを測るものさしにはなりません。魂の美しさ、魂の輝きは、大人でも子どもでも変わりないのです。

地球では大人になった自分のほうが、子どもの頃よりいろいろな経験を積んできたぶん、自分の能力を発揮できることが多いでしょう。それは、あなたが自分を表現する術やツールを学んできたからです。

もともと持っている魂の本能が１００だとしたら、その術を知ったことで、大人は60表現できるけれど、子どもはまだ30しか表現できないということが多かっただけです。つまり、もとの魂の輝きに差はありません。

これからは地球でも、宇宙の感覚や知恵を理解した状態で、より多くの子どもが生まれてくるようになります。最初から自分の魂の道に集中した生き方をする子どもが、さらに増えてくることでしょう。宇宙の感覚を使って加速度的な成長をし、これまでの地球にはなかった発想で、次世代的な「調和の取れた革命」を起こすようになっていきます。

調和の取れた革命を起こしていくのは子どもたちだけではありません。目を醒ましていく人類はみんな、この革命に参加していく一員となっていきます。

子どもと大人は協力関係にある

子どもにも、大人にも、魂の輝きが等しく存在する。この視点に立つことはとても大切です。

現段階の地球では、基礎知識をダウンロードするテクノロジーがないため、大人が子どもになにかを教えることが多くあるでしょう。そのとき、上から下の視点で子どもと関わっても、本当の意味で魂どうしのつながりはできません。

なぜならば、大人という存在が子どもという存在に、地球で役立つことを伝えるのは、単に知識をギフトしてるだけではなく、宇宙の大いなる流れとリンクする神聖な行為なんです。

あなたができるだけ気持ちよく、愛を持って、それに取り組むと、宇宙の大いなる流れとリンクし、意識レベルでの変容を経験していきます。その変容を経験したあなたが、自分の人生と向き合って前を見ると、あらたな視点に立つことができ、人生に変革をもたらすのです。

大人と子どもは、そういった成長の協力関係にある。どちらか一方だけが与えたり、学んだりすることはありえません。

ここまでお話ししたことは、子育てにおいても同様です。先に生まれた者があとに生まれた者をサポートする行為は、宇宙の流れのひとつ。親も子も魂の輝きは一緒という視点に立ち、お互いのことを尊重しながらも、必要なことははっきりと伝え、大きな愛を向けて子どもと関わる子育てをするとき、あなたは大いなる流れにリンクします。

僕からの補足

子どもも大人もみんなパーフェクト

プレアデス人の宇宙人からのメッセージが降りてきました。

僕たちはもともとパーフェクト。そのパーフェクトさを表現する生き方を知って、本質の輝きを表現しはじめていく人が、これから増えていきます。その姿は、成長しているように見えるかもしれませんが、もともとのその人が持っていたパーフェクトさを思い出しているともいえます。

魂の輝きをみんなたくさん持っています。魂の輝きはレベル100。それを発揮しないでいるのが、眠っている状態なんです。

「スタート」について
✳大天使ミカエルが教えてくれたこと

〔大天使ミカエルからのメッセージ〕 スタートとはひとことでいうと、植物の種のようなもの。すべての可能性のエネルギーや情報がそこに詰まっています。

宇宙で新しいフィールドができるとき、ビッグバンという現象が起こります。そのエネルギーの余波によって、いまも宇宙はさまざまな発展を起こしています。

それと同じ。あなたがなにかをしはじめて、その過程でアイディアがひらめいたり、ビビッときたりするのはすべて、はじまりの中に「すべての可能性を知っている種」があるからです。

地球には「初心を大切に」という言葉がありますね。その心がけがあると、はじまりの種にある情報を忘れずにいられます。

物事を続けていくと、やがて初心者とはいわれなくなります。でもベテランになったとしても、初心を持ち続けることで、あなたはすべての情報にいつでもアクセスできます。

ビッグバンのような「大きなはじまりのエネルギー」を最大限に活かすことができるようになります。反対に、初心を忘れてしまうと、はじまりのエネルギーから切り離された状態になってしまいます。そうなると、物事を推進する力が低速していきます。

今日のはじまり、新生活のはじまり、仕事のはじまり、新しい考え方のはじまり……。この地球で、あなたはさまざまな「はじまり」を経験しているでしょう。**はじまりをより爽やかにクリアにスタートしていくには、終わるということがとても大切になります。**

なにかが終わると、なにかがはじまります。なにかを得たり取り込んだりするばかりでは、新しいことをはじめられません。いまあるものの中で終わらせるべきものは終わらせる。すると、スペースが空き、そこに新たな種を蒔くことができます。

新しい自分はとてもパワフル！

何年も何十年も、変わらぬ生活スタイルを続けていたとします。それでも初心を思い出すことができれば、毎日新しい自分でいられます。

なにか大好きなものとはじめて出会ったときのワクワク感。まだ素人だった頃、時間を忘れるほど夢中で取り組んだ感覚。その無限のエネルギーを思い返してください。同じような日常に見えても、本当は**毎日、毎瞬が自分にとって新鮮なスタートです。**初心を忘れなければ、あなたはいつだってパワフルでいられます。

僕からの補足

すてきな終わりを大切にしている

すてきなはじまりはいつも、すてきな終わりからはじまります。すてきに終わるとはどういうことかというと、シンプルですが「やりきること」だと思います。たとえば、現実で自分が関わっているプロジェクトが頓挫したとします。周りから見ると、失敗に終わったと見えるかもしれません。でも、魂の自分がやりきったと感じていれば、オッケーなんです。後悔のない毎日を過ごした結果ならば、どんな形でもすてきなスタートへとつながります。

あなたは毎日、やりきってから「おやすみなさい」をしているでしょうか。僕自身は、それを大切にしています。その1日に最大限に向き合って、やりきって今日を終えると、翌日のスタートがよりよいスタートとなります。それは、明日の自分に「すてきなはじまり」をプレゼントしているようなものです。

「スロー」について
＊宇宙の大いなるエネルギーが教えてくれたこと

〔宇宙の大いなるエネルギーからのメッセージ〕宇宙にとっての最善の流れ、またあなたにとっての最善の流れには、必ずスローさがあります。無、空白、スペースともいわれるものです。

小さな一歩が大きく発展する

意識の中に「空白」を持つことで生み出される宇宙の流れがあります。その振動を扱うと、あなたのあらゆる選択と行動にパワフルさが宿ります。

このパワフルさは、表面的な意味でのアクティブさとはまったく異なります。大きな労力を使う必要はなく、小さな一歩で大きな流れを生み出すような、宇宙の中にある静けさがもたらすパワフルさです。

意識の中の空白から伝わる振動を受け取りながら、物事に向き合い、行動していくと、あなたは頭、体、心というこれまで「これが自分だ」と思っていた小さな自分では成し得なかったような大きな経験をするようになります。

内なる空白を忘れると、宇宙の振動が薄くなって、頭、体、心という小さな範囲だけを扱い生きることとなります。すると、がんばったり気合いを入れたりして力まないと成し遂げられないことが、たくさん出てくるのです。それは眠りの時代の普通の生き方でした。

あなたの中に空白をつくり、スローな精神、つまり、ゆったりした穏やかな心を持つことができれば、力んだりせずとも、人生に発展性が生まれます。頭、体、心だけの自分で、なんでも力でやり遂げようとすると発展性は小さなものとなります。

あなたの中のスローな精神を大切にし、静けさがもたらす心地のいい周波数を感じるようになると、小さな一歩でも発展性が生まれ、次の一歩にも発展性が生まれ……。そんな末広がりな人生の流れにつながっていきます。

僕からの補足 スローが変化を加速させる

これまでの時代では、ボーッとする時間＝無駄な時間と捉えられる傾向がありました。でも、なにもしない時間は、じつはとてもパワフルです。

たとえば楽器でも運動でも、がむしゃらに練習を積み重ねるだけでは、心身に負担が蓄積し、あるところから先は頭打ちになるものです。そこから離れて、自分を整えたり、リフレッシュしたりすることで、1の練習が10の成果を生むようになる。それが末広がりな流れを生み出します。

自分の心にスローをつくると変化が加速します。ちょっと矛盾しているようですが、「動」のエネルギーだけでは届かないところも「静」のエネルギーなら届くこともあるんです。

スローさを保つ方法はいろいろあります。たとえば、瞑想のような時間を人生に織り交ぜていくのはいかがでしょう。ヨガもいいですし、カフェでなにもせずに1杯のコーヒーをただ味わうとか、家でテレビやスマホをオフにして過ごすか……。そういうスローな時間を用意することで、内側の静けさを捉えてみてください。

そういう時間をつくれるようになったら、そのスローな自分のままで行動する練習をします。たとえば「今すぐメールを返信しなきゃ！」というときでも、わちゃわちゃしないでゆったりと静かな周波数のまま動くように心がけてみてください。

「冒険」について　＊7次元の宇宙人が教えてくれたこと

〔7次元の宇宙人からのメッセージ〕この宇宙の多くは、好奇心と冒険心から生まれています。ハイヤーセルフのあなたもそうです。好奇心、冒険心を持って地球に降り立ちました。

宇宙がスタートしたのも、ある意味ではそれがひとつのきっかけだったといえます。

冒険心に理由はいりません。「それをやってみたい」「それが気になる」。そこに理由やメリット、デメリットはない。好奇心そのものが宇宙の愛のエネルギーのひとつです。好奇心は宇宙を発展させていく大切な要素なのです。

冒険というと、地球では、のるかそるかのようなギャンブル的なものと捉えられがちですが、私たちがいう冒険は、自由にストーリーを描くクリエイティブな生き方のことを指しています。

ストーリーを描くところからはじまる

冒険に出るとは、のるかそるかの波乱万丈な人生を生きることではありません。過酷さを乗り超えることでもありません。

宇宙の冒険、人生の冒険は、あなたが自由にクリエイトするものです。ならばあなたは、自分自身をどう描きますか。あなたの描き方ひとつで、冒険の仕方も変わります。

もしもあなたが楽しく人生の冒険をしたいなら、まずはあなたにとっての最高の人生ストーリーを描いてください。描くというのはあなたの中でイメージすることです。実際に紙に書くのもおすすめです。そしてそのストーリーのような自分を生きるために、いま必要なことを、真正面から取り組んでください。

あなたはまるで芸術家のような視点から、あなたの人生のストーリーを描きます。そこに集中してください。

冒険はシンプルで、成功も失敗もない

地球では、冒険や失敗が怖くて前に進めないという話もよくあるのですよね。しかし、冒険には成功も失敗もありません。

どんな結果であっても、あなたがなにを描き、どんな道を進むか。そしてそこからどんな経験や学びを得るか。それだけなんです。

望むストーリーを描き、その道を生きる。そのくらいシンプルに考えるのが、この冒険の秘訣です。

好奇心があるから、あなたは生まれてきました。忘れているかもしれませんが、**あなたはすべてを好奇心から選んで、地球にやってきたのです。**さまざまな好奇心を使って、あなたはいまの自分に辿

り着いています。

好奇心を楽しみ、好奇心を優先するのは、あなたが目醒めていくうえでとても大切なことです。

ハイヤーセルフは好奇心でいっぱいの存在です。あなたが好奇心を使って生きることは、ハイヤーセルフの生き方をあなたが地球で再現することとイコールです。

僕からの補足

魂のサインに好奇心で応える

変化に憶病な生き方は、魂のポテンシャルを半減することにつながります。逆に、「どんな変化も受け入れていくよ」という気持ちでいると、魂はいきいきして、「次はこれを体験しましょう」「こんな変化を楽しみましょう」と、よりあなたにとって発展的な提案を届けてくれます。それをキャッチしたら、あとはていねいかつ最大に行動するだけです。

じつは、サインはたくさん降り注いでいます。「恥ずかしい」とか「変わろうかどうしようか」とこちらが悩む暇なんてないくらい、たくさんです。ハイヤーセルフはある意味では辛抱強いんです。僕たちが完全に眠っていた頃から今日まで、ずーっとサインを送り続けてくれています。いまは目醒めを選択する人が増えているので、魂は「チャンス！」と思っている部分もあります。本気で目醒めていくなら、魂のサインに応える意味でも、好奇心を大切に。

ただ、ひとつポイントなのは、魂が本質的に求めているのは「成功」ではないということ。魂にとって興味があるのは、成功よりも成長です。

なので、成功という「結果」に目をギラギラさせるよりも、「どんな成長を経験できるのかな」と自分自身の変化にフォーカスを当てていくと、魂で生きるのが上手になっていきます。

「理想」について

＊邇芸速日命が教えてくれたこと

〔邇芸速日命《にぎはやひのみこと》からのメッセージ〕最近は人類の中でも、「現実は、自分の内面を映し出す鏡」という宇宙の真実を思い出す人がだんだんと増えてきています。同様に、理想のビジョンというものも、理想の自分の内面を映すもうひとつの鏡です。

理想の「現実」でなく、理想の「在り方」を描く

リラックスしながら、理想のビジョン、理想の未来をイメージしてみましょう。どんな場所に住んでいて、どんな人に囲まれているでしょうか。どんな生活をしているでしょうか。

その理想のビジョンに、もう一歩踏み込んでみましょう。その理想の世界に生きている自分はどんな自分でしょうか。どんな精神性を持ち、どんな感情を使って生きていますか。

じつは、ここが大切です。**理想のビジョンは、理想の自分の在り方を映し出す鏡なのです。**

もしあなたがビジョンを最大限に活かそうと思っても、どんな場所に住むとか、どんな服を着ているとか、物質的な望みにとどまっていると、ビジョンから受け取れるものの大切な部分を取りこぼしてしまいます。

理想のビジョンとは、それを生きる自分の精神性や在り方を描いて、そこに現在の自分の生き方やスタンスが沿っているか確認するためのものでもあります。なので、現実の成功だけではなく、**一歩踏み込んで、理想の自分の内面の在り方を確認することへフォーカスしましょう。**

理想のビジョンという鏡を使って、そのときの自分の在り方を見てみましょう。自分が本当に望んでいる内面の幸せを理解することができます。

どんな場所に住むか。どんな洋服を着ているか。そういう現実的なビジョンは、理想の在り方を感じるための鏡です。そこからさらに変化していく可能性も大いにあります。

あなたが「自分はどういう精神性でありたいか」をビジョニングして、それに伴った行動と選択をしていると、波動が変わり、そして新たなビジョンを思い描くこともあります。

ですから、一度描いたビジョンに縛られる必要はまったくありません。新たな理想のビジョンが生まれたら、もとのビジョンに執着しないで、新しい方向に向かって進みましょう。

愛こそが、本当の理想

いまの地球は、多くの人の波動が大きく変わっているタイミングです。ここから数年はとくに、いっそう多くの人たちのビジョンが変化していきます。

どんなふうに変化するのかというと、たとえば恐れの感情から、現実の豊かさを必要以上に求めたり、誰かを追い抜こうとしたりするような、そうしたギラギラした理想ではなくなっていくでしょう。愛に溢れた温かな理想を描くほうへ舵を切っていくでしょう。

これまでの時代ですでに学んだ人もいるかもしれませんが、どんなに現実を取り繕ったとしても、それだけでは「魂レベルの理想」とはいえません。

いちばん大切なものは、愛やぬくもりという美しいエネルギーではないでしょうか。

もしあなたが目醒めていくことを決めているなら、愛やぬくもりが溢れるビジョンに、向き合ってみてください。

そうした愛やぬくもりとともに感じるビジョンは、魂からの深いサインともいえます。

僕からの補足

理想がどんなに高くても大丈夫

邇芸速日命は日本人が真の姿を思い出すに当たり、とても重要な神さまです。

小さい頃にポケモンマスターやウルトラマンになりたいと思っていた人も、ずっとその理想を追求し続けるわけではありませんよね。波動が変わると、理想のビジョンが変わる。それはとてもナチュラルなことです。

ビジョン自体は、どんなにいまの自分とかけ離れたものでも構いません。なぜなら宇宙にはゴールと限界がないからです。僕たちみんな、永遠に成長していくことができる存在です。

それに「理想が高い」と思われるようなビジョンでも、宇宙から見たら高い低いはなく、赤か青かのような違いにすぎません。

だから宇宙から見れば、理想がいくら高くても、それはあきらめる要素にはならないんです。

これはいつも話していることですが、理想の「結果」だけを求めるときは、人は自分の中心からズレていきます。それよりも大切なのは、理想のビジョンを通して、理想の自分の精神性や在り方を確認することです。理想へのプロセスで、自分がどんな成長をしていけるかのほうが、じつは本当の目的なんです。

目的が現実的なところにとどまるのか、その先の内面にまで視野を広げられるか。どちらのスタンスでいるか次第で、同じように理想に向かっても、目醒めという点においてはまったく違う道を辿ることになります。

「生まれる」について
✳大天使ガブリエルが教えてくれたこと

〔大天使ガブリエルからのメッセージ〕「生まれる」というのは「プレゼントを贈る」ことと、とても似ています。

皆さんは地球に生まれるとき、自分自身がどんな学びを得て、どんな成長をしたいかを設定して生まれてきます。その学びと成長のためにはひとつ大切な要素があります。それは、プレゼントを贈ることです。

地球上の人であったり、人以外の地球に住むさまざまな意識たちであったり、また地球そのものであったり、さまざまな相手にさまざまな形で、あなたはプレゼントをします。

与えることで、自分が成長する。そういう側面を、誰しも持って生まれてきています。

誰もがプレゼントを持って生まれてきた

あなたの魂が望んでいる成長や発展を、この地球上で経験したいならば、「自分がどんなプレゼントを持ってきた存在なのか」にフォーカスを当てることが大切です。

人によっては歌で愛を贈るでしょう。人によっては母として愛を贈るでしょう。もちろん職業や役割でなくても、大きなことでなくても、人に認められるようなものでなくても構いません。

あなたは生まれるとき、たくさんの成長や発展にワクワクして生まれてきました。そのときのワクワク感を地球で体験、経験するためには自分自身がどんなプレゼントを持った光の存在なのかというところに、すべてがまだ感じられなくても向き合っていく。そして少しでも感じたことに行動していくことが大切です。

あなたの隣にいる人、あなたがいま関わっている人、世界中の植物や動物たち……。学び、成長しようと生まれたすべての魂は、みんながプレゼントを持ってこの惑星に降り立っている存在たちです。その存在たちと、これまで以上にたくさんのプレゼントを交換していくことが、これからの時代の新しい循環です。

だからこそ自分自身を大切に。あなたはたくさんのプレゼントを持ったすてきな存在です。輝きの存在、光の存在なのです。

生まれるときにあなたはたくさんのプレゼントを持ってきました。そんなあなたを愛して尊重するのは、とても大切で美しいことなのです。

あなたはプレゼントの天才

あなたの隣にいる人もあなたと同じで、たくさんのプレゼントを持って地球に降り立った輝きそのものの存在です。隣の人のことも大切にしてください。プレゼントを持った者どうしで尊重し合う。このことを心がけていくと、そのプレゼントはこれまでよりもオープンにこの地球で表現、発揮されることになります。

そうなれば、この地球という惑星が大きく生まれ変わることを、前向きに想像できるでしょう。

地球が天国のような惑星へと生まれ変わることに対して、ワクワクし、それを応援しよう、祝福しようと思うのであれば、応援や祝福の形として、まずは自分と周りの人を大事にしてください。地球という惑星はプレゼント交換の惑星となり、豊かさもより大きく循環していきます。

あなたはこの地球にプレゼントを届けにやってきた、まるでサンタクロースのような存在なのです。

そんなあなたが、自分自身を大切にし、ハートで感じる光の感覚を大切にし、行動し、自分自身が幸せになることを受け入れることは、自分の持つプレゼントをこの地球に贈るということ。それは、地球がより大きな豊かさの循環を起こすことへの協力です。

僕からの補足

自分のプレゼントがなにか知りたい？

大天使ガブリエルは、今回は「生まれる」という言葉について話していました。

「どんなプレゼントを持ってきたのか」については、あなたにとってのベストタイミングでだんだん触れていくこととなります。なので、早い遅いに優劣はありません。

プレゼントの中身はさまざまで、しかもいくつも持ってきています。無意識レベルで捉えて、気づいたらたくさんのプレゼントをしていることもよくありますから、その内容を知ることにフォーカスするのは大切だけど、執着する必要はありません。

そのうえで、プレゼントをたくさん贈る人生にワクワクするならば、いま自分が向き合う必要があることに、まっすぐ取り組むのが大切です。現実的な行動においても内側の変化においても大切なのは、直視して向き合い、そこから「なにに気づき、なにを変化させていくのか」にていねいにフォーカスすること。

さらにいうならば純粋なプレゼントを贈る人生には、自分の惹かれる道を生きる中で出てくる「必要なこと」「大切なこと」を直視する覚悟が大切といえます。すると、自分がこの地球にどんなプレゼントを持ってきたか、よりベストなタイミングで触れるようになっていきます。

ワクワク楽しんで生きる中で、こうした部分から目を逸らさなければ、本当の目醒めのスイッチが押されていきます。

「優しさ」について

✳聖母マリアが教えてくれたこと

〔聖母マリアからのメッセージ〕優しさのエネルギーには、外側と内側、2つの方向に放たれるものがあります。

外側への優しさとは、相手のほうにフォーカスを当てて、その望みを叶えてあげようとすること。これまでの地球は、この外側に向ける優しさがベースになっていました。

しかし、**これからの時代の優しさは、まずは内側、自分に向けることが大事になってきます。**別の表現をすると、どんな人の前でも自分に正直であることが大事になるのです。

自分に正直でいるときのあなたは、内なる宇宙とつながり、向き合っている状態です。内なる宇宙は、相手の内なる宇宙ともつながっています。だから、あなたが自分の内側に優しさを向ければ、相手にとって本当に必要なものが自然に浮かびます。

正直な表現を、もう躊躇しなくていい

たとえば、自分が思っていることを正直に相手に伝えるとき、これまでの時代では多くの人が、まっすぐな表現を躊躇していたかと思います。でもそういう表現は、じつは相手にとってもあなた自身にとっても本当に必要な言葉のひとつです。あなたが正直に表現すると、**お互いの最も大切なところに光が当たる流れが起きます。**

表面的な優しさや、その場を取り繕うだけの調和を大事にしたいのであれば、相手に合わせればいいだけです。しかしこれは本当の意味での優しさにはつながっていきません。

自分に正直に生きるのは、これまでの地球上では勇気のいる生き

方だったかもしれません。自分をさらけ出すと嫌われるのではないかと恐怖が湧いたり、相手を傷つけるのではと不安に思ったり、ネガティブなイメージが湧くという人も少なくなかったでしょう。

しかし、本当の意味での優しさには、「まっすぐな誠実さ」がありますます。これからの時代の優しさは、それが大きな鍵を握っています。

まっすぐ届く言葉は、いつだって優しい

アセンデッドマスターと呼ばれる私たちや、天使や神々たちは、メッセージを届けるとき、より深く、まっすぐに、皆さんと関わろうとしています。ときに厳しいと感じる言葉もあるかもしれませんが、そうした言葉に、どこかぬくもりを感じた人もいるかもしれません。なぜならまっすぐさは、優しさに神聖な強さを与えるからです。

あなた自身が、この地球で本当に優しい表現を深めていきたいと思うならば、自分の正直な気持ちを大切に。ありのままの自分の本

心をていねいに愛を持って表現していくことを心がけてください。

僕からの補足

「相手を喜ばせたい」への注意

相手に合わせたり、遠慮したりするのは、自分にも相手にも誠実ではありません。「相手を喜ばせるのは、純粋な優しさなのでは？」と思った人もいるかもしれません。でも相手を喜ばせようとする姿勢は、ときに、相手をコントロールしようとする姿勢に形を変えることがあると感じます。

たとえば、あなたは近しい人になにかお礼をしたくて、自分が最高だと思うギフトを相手に贈ったとします。このとき、相手に喜んでほしいという気持ちはよくわかります。でも、喜ぶか喜ばないかは相手の自由です。相手は、そのギフトを「うれしい」と喜ぶことも、「がっかり」と思うことも含めて自由があります。

「これをもらったら、当然喜ぶでしょう？」「これをいわれたら、当然うれしいでしょう?」という考え方には、相手の気持ちを決めつけているというか、「こう思ってほしい」と強いるエネルギーが乗っていることもあるかもしれません。

プレゼントするときも、なにか言葉をかけるときも、まずは自分の気持ちにしっくりくるかどうかを見つめてみましょう。自分の気持ちとリアルな行動が一致しているなら、あとはそれを相手がどう受け取るかは相手におまかせです。結果、相手が喜びを感じてくれたなら、もちろんそれはすてきです。でも、もしそうでなかったとしても落ち込んだり怒ったりする必要はありません。大切なのはあなたが「自分にしっくりきたことをした」という部分です。このしっくり感をいつも大切にしていると、あなたは自分のハイヤーセルフの声を受け取ることが上手になります。

僕は、昔、優しい人でした。というか、優しいと思われたい人だったんです。なので、自分の正直な気持ちよりも、優しいと思われる自分を優先していました。いまはそれをやめて、自分がしっくりくることを選び表現していくこと、自分軸に立つことを大事にしています。

その生き方自体が、自分に対して誠実な優しさを表現しているなと感じます。すると、自分の中に、以前とは質が違う優しさ、相手の本質的（魂レベル）な喜びにつながる優しさが芽生えてきたのです。また不思議と「優しくしてくれてありがとう」といわれる機会が増えました。

おべっかとかご機嫌とりでなく、「自分は自分を極める」という勇気を持ってさえいれば、本当の意味で人は優しくなれると感じています。真実の自分を極めていくことが目醒めでもあります。真実の自分はとてもまっすぐで、愛に溢れていると思いませんか。自分の中のしっくり感を通して、真実の自分に戻っていくからこそ、本質からくる優しさが溢れてくるのではないでしょうか。

「本物」について

✳セラピス・ベイが教えてくれたこと

〔セラピス・ベイからのメッセージ〕「本物」として生きるというと、なにかの分野において一流になることや、プロフェッショナルになること、そうしたイメージを持つかもしれません。

でも、それよりももっと大切なことがあります。それは自分自身の本物であるということ。本当の自分を生きることに、正面から向き合う必要があります。

いつでも、いまこの瞬間も、自分自身の本物であるかを確認することが大切です。

この本を置き、ハートに手を当て、いまの自分はどのくらい本当の自分を生きているかを感じてみてください。自分の信じた道にどれだけまっすぐ生きているか捉えてみてください。そうした姿勢は、本物という生き方と結びついています。

自分の選んだ道に胸を張れるか

もし仮に、あなたがセラピストの道を生きると決めたなら、セラピストという道を選んだ自分に胸を張れるはずです。自信のなさは、あなたを本物のスタンスから遠ざけます。あなたは自分が選んだ自分を信じていいのです。

素人か玄人かは関係ありません。玄人であっても自分を信頼していないのであれば、本物というエネルギーは発生しません。

逆に、まだ素人であったとしても、自分の選択に対して愛を持ち、自分自身を信頼し、胸を張って生きているのであれば、自分自身のプロフェッショナルに向かっているといえるでしょう。

自分が本物であるかどうかを、なにかの分野の経験、時間、知識で測らないことがとても大切です。

すべての目醒め人は、本物になっていく

魂にとって喜びを感じることを、どんなときも選んでいますか？ あなたの中心で選んでいますか？

あなたの感性を、あなたの赴くままに地球で表現してください。それが本物であることの心得です。

目を醒ますとは、自分の本物（ハイヤーセルフ）になることにほかなりません。本物という言葉には、自分軸を立てる覚悟、決心、意志が含まれています。

僕からの補足

自分の本当の思いをいつも信頼する

セラピス・ベイは、アセンデッドマスターの1人です。

本物というエネルギーを発揮するには、それを選んだ自分を信頼することが鍵になるというメッセージがありましたね。

たとえば、すてきなクリスタルを見つけたとします。そのクリスタルを信頼するというのは外向きの行為です。そうではなく、まずはその石を選んだ自分自身を信頼すること。するとそのクリスタルとの深い共鳴がはじまるのだと僕は捉えています。

これからは、ますます本質の時代に入っていきます。

本質に目を向けている人は、新しい地球の流れにマッチして、どんどん軽やかな生き方に変わっていきます。本物としての生き方を開いていきます。

反対に、自分の本質や深い部分からの思いにふたをしておこうとする人はどうなるでしょうか。自分の考えをごまかしたり隠したりすればするほど、いまの流れに抗うことになるわけで、川の流れと反対に泳いでいくようなもの。けっしてそれが悪いということではありませんが、生きづらくなるのは当然です。

流れに抗っていると、人生で摩擦が起こりやすくなったり、うまくいっていたことがストップしてしまったり、試練のような体験も起こりやすくなります。気づかぬうちに眠りの足踏みをしているともいえます。

本物であること、本質であることにフォーカスしていると、目醒めはいっそう加速していきます。

「覚悟」について
＊アルクトゥルスの宇宙人が教えてくれたこと

〔アルクトゥルスの宇宙人のメッセージ〕「覚悟」という言葉は、あなたの暮らす地球では硬い言葉に聞こえるかもしれません。

でも私たちの惑星では、「光の力を与えるエネルギー」だと捉えています。


あなたがなにかを選択をして、それに覚悟を持つとします。それは私たちの星の感覚で見ると、あなたの選択に光の力が与えられ、光が宿るということです。

覚悟のある人生とは、光のある人生です。もしあなたが、光多き人生を生きたいのであれば、覚悟多き人生を選んでください。

覚悟を光としてイメージすると、わずかでも硬さが抜けるのを感じませんか。その光には、宇宙の意志が宿っています。

光とあなたの共同創造がはじまる

あなたが覚悟のある生き方をすると、光の意志とあなたの意志のコラボレーションがはじまります。それにより、あなたのビジョンは覆されるかもしれません。人生に覚悟という光の柱が立つと、突然変異が起こることもあります。

なにかが拡大したり、新たなご縁が生まれたり、大きな軌道修正がはじまったり、想像もしていなかったようなことが起こったりもするでしょう。

これから、あなたが覚悟という言葉を使うときには、「さあ、私は覚悟するぞ」という力みではなく、「覚悟という光を与えます」と心の中で唱えてみてください。透明な光が自分に降り注ぐ感覚を使ってみてください。

物事を決めただけでは、前に進みません。
そこに覚悟という光を与えることで、あなたの変革の流れに輝く意志が宿ります。
覚悟は、あなたが決めたことに命を吹き込む行為。そのように覚えておいてください。

僕からの補足

覚悟の周波数ってとても軽いんです

宇宙では「放った周波数の責任は、自分で取る」のがルールです。現実は自分でつくっているのだから、すべて自分次第なんです。もしあなたが目を醒まして生きるのであれば、軽やかに、自分の人生に覚悟の光を取り込んでみてください。

これまでの時代では「覚悟を決めるぞ！」とびっくりマークをつけていたのを、もっと軽やかに♪マークをつけるイメージ。「覚悟を決めた♪」「光の覚悟を持って取り組む♪」という感じです。

なにかを選択するときには、覚悟という名の深い光を持って「これやります♪」とするか、「断ります♪」と決めましょう。

「休息」について
＊瀬織津姫が教えてくれたこと

［瀬織津姫《せおりつひめ》からのメッセージ］疲れを感じたから休息する、というのは、これまでの地球では当たり前の考え方でしたね。でも休息には、もうひとつの側面があります。エネルギーをリセットし、再構築する役割です。

脳の休息はハイヤーセルフとつながる鍵

人生では、エネルギーを切り替えるタイミングが必ずやってきます。古いエネルギーのまま新しいステージを生きようとすると歯車がかみ合わないことが起こるからです。

スマートフォンやパソコンにデータがたくさんあると、動きが鈍くなる現象があるでしょう。それと同じです。古いエネルギーをリセットすることなく生き続けていくと、足が重たくなるような形で行動力が低下したり、新しいアイディアというデータを保存する場所がなくなっていきます。

休息は、脳の休息という意味でも大切です。脳の休息を怠ると、そこで古いエネルギーが滞って、蓄積されるようになります。すると、ハイヤーセルフのサインが受け取りづらくなります。

たとえば、肉体の休息のために、1日じゅう家で過ごすとします。しかし、ずっとゲームをしたりスマホを見たりしているのは、脳にとって休息ではありません。たとえそれが好きなことだとしても、休息とは違う時間になります。

脳の休息にマッチしているのは瞑想であったり、なにもしない無の時間です。心地よい場所でぼんやり過ごす。そういった時間を脳のために確保しましょう。体と脳の休息を両方バランスよく取り入れると、宇宙意識とあなたの関係性が心地よく整っていきます。

休むことで、さらにスムーズな流れを採用できる

休むことに罪悪感を覚える人もいます。しかし、パフォーマンスが低下した状態で次に進むのは、本当の意味で自分や人のためにならないということもわかるはずです。仮に、休んでいる間に物事が止まったとしても、休息後、バランスが整ってアップデートされた自分で向き合えば、新しい創造性を発揮して、より高いレベルの最善の流れを生きることになります。

僕からの補足

いまはまだ一定量の睡眠が大切

瀬織津姫は浄化を司る日本の女神です。

僕たちは寝ている間に宇宙意識につながって、エネルギーや記憶

を整理したりなどさまざまなことをしています。

宇宙種族には「500時間に5分寝ればオッケー」という、睡眠に時間をかけない種族もたくさんいます。彼らは起きていても宇宙意識とつながっているので、起きている間もエネルギーと記憶の整理が可能なのです。地球人はほかの宇宙種族に比べて深く意識を眠らせ、宇宙意識とのつながりを隔ててきたので、長めの睡眠時間を確保する必要がありました。

目醒めていくプロセスにある人類は、いまはまだ一定量の睡眠が大切なので、あなたにとって心地よいと感じる睡眠量をできる限り確保してみてください。

また、本当にハイヤーセルフと一致した生き方をしていくと、だんだんと疲れなくなります。疲労は自分とのズレによって生まれる現象だからです。ですが、そうなっていくまでのプロセスでは、休息と上手に関わっていくことが大切です。

「グラウンディング」について
＊レディ・ガイアが教えてくれたこと

〔レディ・ガイアからのメッセージ〕私は宇宙、そして地球に住むすべての意識をファミリーと捉えています。
目醒めていく人たちにとって、この惑星は「ホーム」と呼べる心地よいフィールドになっていきます。

もしもあなたが、目を醒まし、地球で自分の光を大きく発揮する道を選ぶならば。「グラウンディング」を通して、地球とエネルギーレベルのつながりを築いてください。

目醒める人にとって天国のような居場所になる

グラウンディングについて多くの人は、「地に足の着いた安定したエネルギーバランスを整えるために行うこと」と理解しているのではないでしょうか。

じつは、グラウンディングにはもうひとつ大切な意味があります。それは、地球をあなたにとってのホームにすることなのです。もしも地球があなたにとって最高のホームになれば、あなたは地球上のどこにいても、いま発揮できる最大の光を表現して生きることができます。

それはとてもワクワクする生き方だと思いませんか。

いま、地球は調和に満ちた惑星へと成長していっています。もし地球を、あなたにとってぬくもり溢れるホームにしたいと望むなら、調和の感覚を自分の中にしっかりと芽生えさせてください。

これまで地球は3次元の惑星と呼ばれてきました。しかし、地球はアセンションのプロセスを進んでいます。

私は4次元を通り越して、5次元まで波動を上げることを決定しています。私のアセンションの意志に同意し、目醒めを選んだ意識の皆さんは、私と同調しながら、ともに波動を上げて5次元の地球をつくり上げていくメンバーといえます。

地球の次元上昇に関する数種類のプラン

もちろん「波動をまだ上げたくない」「これまでどおりで問題ない」というメンバーがいるのもたしかです。

私は彼らのこともファミリーだと思っています。そして彼らの気持ちも受け入れています。

だから私は、レディ・ガイアという意識は、5次元の地球だけに特化すると決めました。3次元にとどまりたい人たちの意思も尊重するため、3次元の地球から私の意識は退くことを予定しています。なぜならば、私が波動を上げることは、眠りを続けるみなさんにとってはマッチしていないからです。

少し具体的な話をすると、社会は2028年頃まで、リセットを急激に進めていきます。そして2028年頃から2032年頃にかけて、新しい地球の仕組み、生き方が社会でも徐々に馴染んでいきます。もちろんその間も、地球事態は波動を上げていきます。

そして2032年頃から2040年頃に、新しい地球に5次元のエネルギーを完全に確立させるためのチャレンジを行う可能性があります。

このチャレンジを行うタイミングで、宇宙全体の方針が再度設定されることになります。場合によっては地球だけでなく宇宙までもが大きな引っ越し期間を経験します。

この宇宙の方針次第では、宇宙は、「プログラムの再構築」という現象を起こす可能性があります。再構築が起こると、なにもかもが変わったと実感するでしょう。たとえば空の色、地形の成り立ちさえも変わります。人と人との関係性、ライフスタイルも様変わりします。宇宙のすべてが「新しい形へとリニューアル」します。

しかし、まだこれは決定事項ではありません。

再構築を起こすためには地球の波動だけではなく、宇宙すべての波動がトータルで上がり、統合されたエネルギーが一定量を超える必要があるからです。

つまりアセンションのルートや方法、さらには着地点は、本当の意味ではこれから決まっていくのです。

再構築をしながらのアセンションになるか、再構築をせずにアセンションになるかなど、プランはいくつか用意されています。

1人ひとりの目醒めにはすごい力がある

地球という惑星で1人ひとりが目を醒ましていくと、それがとてつもない変化を生むのだと覚えておいてください。個々の目醒めには、ものすごい力が秘められているのです。

もし私とともに波動を上げることへワクワクするなら、波動を上げ続ける地球との共鳴が大切です。それにはグラウンディングが役立ちます。地球とあなたのつながりが深まるほどに、あなたと地球は相乗効果を起こして波動を上げることになります。

僕からの補足

地球の変化はこれからが本番

レディ・ガイアは、地球という星の意志です。人に肉体と魂があるように、地球にもレディ・ガイアという意志が宿っています。

グラウンディングとは、自分と地球のエネルギーをつなげること、そしてエネルギーの循環が起こることを指しています。僕も日々の大切な習慣にしています。詳しいやり方は、前著『僕が宇宙の仲間に聞いたこと』（KADOKAWA）でご紹介しています。

レディ・ガイアは、シフトしたくない人はこれまでに近い次元で眠り続けることもできるとも話していました。つまり、地球は大きく2つに分かれはじめているということです（本当はもっとたくさんに分かれています）。

もし再構築が起こると、「この惑星はどうしちゃったの？」というくらい変わります。動物の姿形や空の色、天体の配置など、まるで別世界のような場所になります（別世界というのはある意味では正しいです）。

いまも刻々と地球は変化をしていて、このわずか数年でも社会はずいぶん変わってきました。ですが本番はこれからです。

変化のプロセスでは、さまざまな形での浄化が起きます。たとえば天変地異のようなことが起こるかもしれないし、新たな社会不安が起こるかもしれません。それらのすべては、僕たちを怖がらせるために起こるわけではありません。そんな刺激的なきっかけを通して、僕たちが自分の生き方や方向性を確認したり、再選択するために起きているのです。

波動が上がれば上がるほど、ワンネスの意識に近づきます。すると、他人と自分の隔たりもなくなります。すべてが自分の分身で、みんなファミリーと思うようになります。それこそが、真の調和の意識です。

「言葉」について
＊ブッダたちが教えてくれたこと

〔ブッダと、その近しい仲間たちからのメッセージ〕地球上の「言葉」は、宇宙の特定の周波数を、地球で扱えるように音として具現化させたものです。つまり、どのような言葉を使うかは、どういった周波数を使うかと同じです。

言葉は未来の自分をつくる神聖な道具

言葉にはエネルギーが宿っており、どんな言葉を発し、どんな言葉を扱っていくかによって自分の発するエネルギーも変わります。

そして、あなたが発したエネルギーは、あなたに返ってきますから、言葉が変われば、あなたが経験することも変わるのです。

あなたにとって美しいと感じる言葉を多く使えば、美しい経験、体験、気づきが増えるでしょう。反対に、美しさから離れた言葉を使えば、それに伴った経験、体験、気づきが増えるでしょう。

つまり、言葉は、人に対して使っているように見えて、すべて自分に返ってくるもの。もっといえば、言葉は、未来の自分にどういった自分で在ってほしいかを投げかけている、神聖な道具なのです。

苦手な人にネガティブな言葉を吐きたくなることもあるかもしれません。いった瞬間はすっきりするかもしれませんが、それは少し先のあなたに返ってくると、覚えておいてください。もしもあなたが自分のために生きることを決めたなら、そのような言葉の使い方は手放すのではないでしょうか。

私たちは、言葉を通して人とつながっているように見えて、自分自身とつながっているのです。

美しさから離れた言葉も、否定しなくていい

それでも、どうしてもあなたの中に美しいとは思えない言葉が溢れ出てきたときは、人にぶつけるのではなく、まず自分の中でその言葉を受け入れてください。

否定する必要はありません。自分の中で「私はそう思ってるんだね」と理解して受け入れて、認めてあげましょう。

私はここまで、自分の発した言葉は自分に返ってくるといいました。ですが、汚い言葉が悪いものとはひとこともいっていません。汚いと感じる言葉が出てきたら、「自分はこう感じているのだな」と理解し、それを自分でフラットに受け入れます。

あなたのそのていねいさは前向きなエネルギーであり、それがあなたに返ってくるようになります。

地球で目を醒まし、新人類へとシフトしていくならば、言葉を「周波数」と捉えて扱うことがとても大切です。

そうなることで、言葉の内容にも周波数にも嘘のないコミュニケーションが生まれることになります。。

僕からの補足

美しくない言葉をかけられたときには

ブッダと、地球で彼のそばにいた仲間たちが、共同でメッセージを届けてくれました。

ブッダは、自分の中に溢れ出てきたネガティブな言葉にどう向き合うか、その方法を教えてくれました。では、もし誰かがネガティブな言葉を投げかけてきたときは、どうしたらいいでしょうか。

じつは、それに対する方法も、自分の中に溢れてくる言葉に対するのと同じです。「この人はそう思っていたのね」と、シンプルに受け入れることが大切です。また、それがグサッとくるようなひとことだったとしても、「私の中に、グサッと感じる周波数を持ってたんだな」と認めて、手放せばいいんです。

そもそも外からネガティブな言葉がやってくるのは、自分の周波数が、そうした現実をつくっているから。それに気づいて、その周波数を手放していくと、あなたはさらに軽やかな目醒めの意識に進むことになります。

たとえば、もしあなたが「あの人はネガティブなことばかりいっている」と嫌な気分になったなら、それはあなたが感じている「嫌な気分」という周波数を使って、その現実をつくったということ。それを認めて、その周波数を手放していくと、あなたはさらにハイヤーセルフの意識へと目を醒ましていくことになります。

人がどうのこうのではなく、「私の中をクリアにすることに集中しよう」という自分の軸がとても大切な視点です。

「子ども」について
＊観音菩薩が教えてくれたこと

【観音菩薩《かんのんぼさつ》からのメッセージ】「いまの子どもたちは新しい」と表現する人がいます。

地球はアセンションを決めて、生まれ変わろうとしています。その地球に生まれるこれからの子どもたちは、目醒めを前提に降りてきます。だから、これからの子どもたちは、古い時代の地球の概念を学ぶ必要はあまりなくなってきました。

そもそもいまの子どもたちは、古い概念を必要以上に取り入れる設定をしないで、生まれてきています。なので一定量の地球の基本的な情報を吸収すると、そのあとは自分の中の新しい感性を使うことにエネルギーを注ぎます。そういった子どもたちがだんだんと増えてきています。

大人は、自分の常識をいったん見直してみる

大人世代が、子どもと深い関係を築きたいと思うなら、これまでの常識はいったん脇に置いて、新しい視点のほうに目を向けることが大切です。とくに子育てに深く関わっている方は、自分の経験をギフトとして子どもに伝えることも多いかと思いますが、それだけに縛られないでください。

大人が未来に耳を傾けて、「いろんな正解があるんだ」という多様性の視点を使えば、これからの子どもたちの宇宙的な感性を、応援することができます。子どもと大人がともにベクトルを合わせて、新しさの方向に目を向けていくことが、これからますます大切にな

っていきます。

また、これまで地球では「この子は私の子。あの子はよその子」と明確に分けていました。これからは昔のように、みんなで子どもを育てる視点が復活するでしょう。それは子どもたちにとって、多様な感性に触れる機会となり、学び多き人生につながります。

その流れの中で大切なのは、**大人が自分の子であれ、よその家の子であれ、自分と一致した姿を見せること**です。子どもとの関わりに限りませんが、身内とそれ以外の人とで、自分を変えるようなことが、自分と他者の壁を生み出していることを知ってください。


大人たちは誰に対しても愛を持ち、ワンネスの意識で生きていく。そうした大人たちとのつながりを通して、子どもたちは愛の感性を育み、たくさんの愛情の中で育つ経験をする。

そのような環境を整えていくことこそが、新しい子どもたちの落ち着く居場所になるのだと知っておいてください。

僕からの補足

「かっこいい大人」

大人が自分の人生にチャレンジする。それを子どもが見る。それが大人にとっても子どもにとっても大きな学びになり、社会全体で子どもを育てるきっかけになる。そんなふうに、僕は考えています。

たとえば、自分が妥協した範囲の枠の中で小さく生きていれば、人との協力もミニマムになっていきます。チャレンジの大きさは関係なく、自分にとっての心地よい方向に向かうこと、本当の自分を生きるチャレンジをすること。すると、それまでの自分の枠を超えるタイミングが必ず出てきます。その枠を超える中では、ときに人との協力が必要になるんです。そんな自分の枠を超え続け、それを支え合う大人たちの生き方から、子どもたちは多くを学ぶことになると僕は感じています。これは僕の主観ですが、何歳になっても自分が感じる「かっこいい大人」として生きていたいですよね！

「天使」について
✳大天使ラジエルが教えてくれたこと

〔大天使ラジエルからのメッセージ〕源をサポートするために天使界ができました。そして、そこから個々に誕生したのが、天使と呼ばれる存在です。

あなたがたに名前が知られている有名な天使のほかにも、数えきれないほどの天使が存在し、人類と共鳴しています。

天使と共鳴を起こす

私たち天使とつながりたいのであれば、シンプルに呼びかけてください。

あなたにその姿は見えなくても、呼びかけた瞬間に、私たちはあなたのそばに現れます。

大切なのは、天使に呼びかけたあとのあなたの意識です。**私たちのサポートに寄りかかる意識になると、その関わりは斜めになってしまいます。**つまり、あなた自身が行動していくことを大切にしてください。そうすることで、あなたの創造性と天使のサポートが共鳴を起こし、新しい成長や気づきが生まれる流れがつくられます。

天使の中には、守護天使という天使がいます。守護天使の役割は、人類1人ひとりを深くサポートすること。そのほかのさまざまなガイドたちと共同し、あなたがた1人ひとりを導いています。守護天使は、あなたの成長体験がスムーズに進むようにいつも整えてくれています。

守護天使もあなたが呼びかければ、すぐに現れます。**天使は源をサポートするために誕生したとお伝えしましたが、そもそもあなた**

は源の一部です。つまり、私たちは源であるあなたをサポートするために存在しているのです。

どうぞ遠慮することなく、私たちに呼びかけてください。

あなたと天使のつながりを深めるには

もしも天使とのつながりに疑いの気持ちがあるなら、大天使ラジエル、私自身が扱うレインボーのエネルギーを使ってください。疑いの心があるとき、あなたの体の周りは、鉄のよろいで硬く覆われています。

上から降ってくるレインボーの光を、シャワーのように浴びるイメージをしてください。その光によって、鉄のよろいはガラガラと崩れ落ちます。

すると、天使の姿をしたあなたが姿を現します。背中には大きな翼がついています。その翼を大きく羽ばたかせながら、上昇していきましょう。心地よいところまで上昇したら、その翼で自分自身を気持ちよく包み込みます。その翼に包まれながら、しばらく深呼吸をして、「私は天使とのつながりを受け入れます」とゆっくり3回唱えましょう。

翼の心地よさをじゅうぶんに感じたら、目を開けます。

このワークは、天使とあなたの間にあるさまざまな疑いを手放すサポートになるでしょう。

僕からの補足

天使は自立を提案してくれている

天使界にはいろんな天使がいるとの話がありましたが、大天使ラジエル自身もその1人です。

多くの人のイメージのとおり、天使は愛に溢れる存在です。ただし、泣きついたらなんでもやってくれる存在というわけでは、けっしてありません。それをしてしまったら、僕たちの成長を奪うことになるからです。

天使たちは愛を持って、僕たちに自立の意識を提案しています。

本書でお伝えしているチャネリングのプロセスのとおり、天使にサポートをお願いすると、天使↓ハイヤーセルフ↓ハートというふうにメッセージが降りてきます。そうして受け取ったメッセージは、その瞬間のあなたにとって必要なメッセージです。ただし、その言葉にただ従うのでなく、「しっくりきたら行動に移す」のスタンスを大切にしてください。

サポートを依頼するときは、特定の天使に呼びかけてもいいですし、「私をサポートする天使」と呼びかけても大丈夫です。

彼らは多次元的な存在なので、いつでもどこでもあなたのそばに来てくれます。

#「善悪」について
✳セントジャーメインが教えてくれたこと

〔セントジャーメインからのメッセージ〕あなたがこれから目を醒ましていくと、やがてあなたの中の「善悪」というジャッジは消えていきます。

「あれはよい、これは悪い」「あれは正しい、これは間違っている」と、なにかにつけ善悪のジャッジをくだす意識がなくなり、なにがあっても、なにを見てもニュートラルな意識であり続けるようになります。

なぜ善悪をつけてしまうかというと、あなたは自分という観測地点だけから物事を見ているからです。つまり、善悪の判断は、自分という観測地点から見て、「いい、悪い」とやっているにすぎません。

ニュートラルな意識は、ハイヤーセルフの高い視点から全体を眺めたときの意識です。

自分の観測地点も相手の観測地点も広く見渡すことができるので、両方の視点を理解したうえで、自分の意見を持てるようになります。

目醒めとは、善悪を超えること

目を醒ましていくとは、ハイヤーセルフのニュートラルな意識に戻ることであり、善悪の視点を超えることです。

人類はこの地球でプラスとマイナスにエネルギーを分離させ、善悪の概念をつくり、ものさしにしてきました。

目を醒ます人たちの中でも、善悪のジャッジから抜け出せずにいて、目醒めに滞りが出ている人が多くいます。「あれはダメ、これは間違い」とジャッジを使っていくほど、「これが正しいに決まってる。それ以外は悪」と、現実に悪を映し出して、戦いが続くことに気づいてください。「いまジャッジメントしているな」と感じたら、まずは、「どちらも宇宙から見たらひとつの角度なんだな」と柔らかな意志を持つことが大切です。

僕からの補足

「私にとって好ましい」のセンスへ

じつは善悪の概念とは、レムリアやアトランティスといった古代文明から引き継いでいる、根深いカルマでもあります。だからこそ、「もう、ここで卒業するんだ」という明確な意志が、とても大切になってきます。

簡単にいえば、ジャッジメントとは「よい」「悪い」という視点です。そうした視点になってしまうかたにおすすめなのは「私にとっては好ましい」「私にとって好ましいとはいえない」という見方を使うことです。なぜなら「好ましい」というのは、ジャッジではなく、自分のセンスだからです。

「仲間」について
✳僕のハイヤーセルフが教えてくれたこと

〔僕のハイヤーセルフからのメッセージ〕あなたは、仲間というものが、自分からはじまっていることを知っているでしょうか。

あなたが、あなた自身を生きることにチャレンジするほど、あなたは大切な仲間との深い出会いを体験します。


あなたが本質の自分へと戻っていく過程で、真の自分を表現する中で、それに共鳴して新しいあなたにマッチした仲間が集まってくるのです。仲間とは、魂の成長をともに叶えていくためのあなたの分身ともいえるでしょう。

これからの時代は、それぞれの魂の目的のためにともに進む仲間との関係性が増えゆく流れにあります。

本当の自分を生きるのが、出会いのスタート

もしもあなたが仲間と出会いたいならば、まず本当のあなたと出会うためのチャレンジをすること。それは、本当の自分を生きるということと同じです。

あなたが本当の自分を生きようとチャレンジすると、あなたの周りには、同じように本当の自分を生きようとする仲間たちが現れます。そうした仲間たちとの間には、深い共鳴が起きます。お互いが真実の自分を知るための共鳴です。

直接顔を合わせる仲間もいれば、インターネットを通してのみ出会う仲間もいるでしょう。

人と人とがさまざまな形でつながる準備が、すでにこの地球には

整っています。

あとはその待ち合わせ場所に、あなたのタイミングでアクセスするだけです。

仲間との出会いを求める必要はない

ここでとても大切なことがあります。それは、あなたにとって最も大切なパートナーは、いつだってあなた自身ということです。

あなたが本当のあなたとして生きていけば、必要に応じて仲間は自然と現れるのですから、あえて外に仲間を求めようと執着する必要はありません。

本来、あなた自身があなたのいちばんの理解者で、同志で、パートナーなんです。自分自身との関係を極めていくことから、けっして目を背けないでください。いちばん身近な「自分自身との縁」を築くことが最優先事項なのです。

僕からの補足

未来の地球での仲間との関係性は……

僕にとっての仲間とは、一緒に過ごすことで僕も相手も成長し合える実感がある存在です。

信念を持って目醒めの道を生きていれば、同じ理念を持った仲間がベストタイミングで集まってきます。調和的な場所ができます。そこではみんな自分軸があって自立しているので、もはや依存や執着といった古い周波数はありません。あったとしても手放していきます。

これからこの地球では、そんな自立した意識の関係性がもっと育まれていくと感じています。そうした関係性は、「神と神との関わり」ともいいかえられるのではないでしょうか。

おわりに

目醒めの旅人は
目に見えない地図を持っています
その地図は自分という宇宙を解き放つ
「偉大なる設計図」なのです

目に見えない地図もまた
目醒めの旅人に読まれることを待っています
その旅人は
唯一無二の「偉大な神さま」なのです

さあ、ハートが奏でる物語は
あなたになにを届けているでしょうか

中村咲太（なかむらしょうた）

チャネラー。1988年、神奈川県生まれ。幼少期からスピリチュアルな感性を持ち合わせ、ナチュラルにチャネリングしながら生活する。肉体でUFOに乗る体験など、スピリチュアルなシチュエーションを体験しながら大人に。スピリチュアルカウンセラーとしてデビューし、その後はワークショップや講演会、世界のパワースポットを巡るリトリートなどを開催。2017年、YouTubeチャンネル「宇宙くんの手紙」を開設。自分本来の可能性を思い出し、「宇宙そのものの自分」で人生をデザインする生き方を発信中。著書に『僕が宇宙の仲間に聞いたこと』（KADOKAWA）、『眠れぬ夜に目醒めのお話を…』（Clover出版）。

誰《だれ》でもできるチャネリング

目醒《めざ》めのヒント、宇《う》宙《ちゅう》から受《う》け取《と》りました

2023年12月21日　初版発行

著　中村咲太《なかむらしょうた》

発行者　山下直久

発行　株式会社KADOKAWA
〒102-8177 東京都千代田区富士見2-13-3
電話 0570-002-301（ナビダイヤル）

印刷所　大日本印刷株式会社

製本所　大日本印刷株式会社

●お問い合わせ
https://www.kadokawa.co.jp/（「お問い合わせ」へお進みください）
※内容によっては、お答えできない場合があります。
※サポートは日本国内のみとさせていただきます。
※Japanese text only

定価はカバーに表示してあります。

ISBN 978-4-04-606601-5　C0095